Guttentag'sche Sammlung
Nr. 3. Preußischer Gesetze. Nr. 3.
Text-Ausgaben mit Anmerkungen.

Aufnahme von Nottestamenten

durch die

bestellten besonderen Urkundspersonen.

(Anweisung vom 15. März 1904.)

Text-Ausgabe mit Anmerkungen, erläuterten Musterbeispielen, einem Abriß des Erbrechts und Sachregister

von

C. Kurtz,
Amtsgerichtsrat.

Berlin 1904.
J. Guttentag, Verlagsbuchhandlung,
G. m. b. H.

Vorwort.

In bestimmten Notfällen ist dem Gemeinde- und Gutsvorsteher, in deren Bezirk sich der von ihnen betroffene Erblasser befindet, die Befugnis übertragen, Testamente in außerordentlicher Form — unter Zuziehung zweier Zeugen — an- oder aufzunehmen, welche für eine bestimmte Frist (§ 2252 BGB.) wie die in ordentlicher Form errichteten Testamente wirksam sind. An Stelle des Vorstehers oder neben dem Vorsteher kann von dem Justizminister auch eine Person bestellt werden, vor welcher die Errichtung eines solchen Testaments zu erfolgen hat. (Art. 80 Ausf.-Ges. z. BGB.) Von dieser Ermächtigung ist Gebrauch gemacht und sind für zahlreiche Gemeinden dergleichen Urkundspersonen bestellt. Damit ist ihnen unzweifelhaft ein sehr wichtiges und verantwortungsvolles Amt übertragen, insofern die Nichtbeobachtung der für Testamente gegebenen Vorschriften nicht allein die Nichtigkeit des aufgenommenen Testaments sondern auch Regreßpflichten und disziplinare Verantwortung der Urkundspersonen zur Folge haben kann. Um diese Gefahren zu beseitigen, ist für die Urkundspersonen vorliegendes Hülfsbuch herausgegeben, welches sie leicht und bequem orientieren soll. Einem kurzen Überblick über die wissenswertesten Grundsätze unseres heutigen Erbrechts folgt die Dienstanweisung mit erläuternden Bemerkungen des Verfassers und dieser schließen sich eine Reihe von ausgewählten Mustern für die Praxis und zur Erleichterung derselben an. Der Verfasser hofft, daß vorliegendes Nachschlagebuch den Urkundspersonen von wesentlichem Nutzen sein, vielleicht aber auch das Interesse weiterer Kreise auf sich lenken wird, denen daran gelegen oder deren Aufgabe es ist, sich vorkommenden Falls über den Gegenstand zu informieren.

Der Verfasser.

Inhaltsverzeichnis.

Teil II.

Anweisung für die zur Aufnahme von Nottestamenten bestellten besonderen Urkundspersonen.

Teil III.

Muster für die wichtigsten Fälle bei Errichtung von Testamenten.

Teil I.

Grundsätze des Erbrechts des Bürgerlichen Gesetzbuchs.

1. Gesetzliche und testamentarische Erbfolge.

Mit dem Tode einer Person (dem Erbfalle) erfolgt ein Übergang ihres Vermögens (der Erbschaft) als Ganzes auf den oder die Erben ohne besonderen Erbschaftsantritt (Erbfolge). Die Erbteile mehrerer Erben bestehen in Bruchteilen der ganzen Erbschaft. Hat ein Erblasser keine Bestimmung darüber getroffen, was nach seinem Ableben mit seinem Nachlasse geschehen soll (weder durch Testament noch Erbvertrag), so bestimmt das Gesetz, wem sein Nachlaß zufallen soll. (Gesetzliche Erbfolge.)

Als gesetzliche Erben sind berufen: Die Verwandten des Erblassers, sein Ehegatte und der Fiskus, letzterer aber erst, wenn weder ein Verwandter noch ein Ehegatte vorhanden ist oder Erbe wird. Der Ehegatte erbt neben den Verwandten, gewisse Verwandten schließt er aus.

Die Erbberechtigten sind in 5 Ordnungen in der Weise eingeteilt, daß ein entfernterer Verwandter nur dann zur Erbfolge berufen ist, wenn ein Verwandter der vorhergehenden Ordnung nicht vorhanden ist. Hierbei besteht der Grundsatz der Parentelenordnung d. h. Verwandte, die mit dem Erblasser die näheren Stammeltern gemeinsam haben, schließen solche Verwandte aus, die erst durch entferntere Stammeltern mit dem Erblasser verbunden sind.

a) Erbrecht der Verwandten.

Gesetzliche Erben der ersten Ordnung sind die Abkömmlinge des Erblassers.

Ein zur Zeit des Erbfalls lebender Abkömmling schließt die durch ihn mit dem Erblasser verwandten Abkömmlinge von der Erbfolge aus.

An die Stelle eines zur Zeit des Erbfalls nicht mehr lebenden Abkömmlings treten die durch ihn mit dem Erblasser verwandten Abkömmlinge (Erbfolge nach Stämmen.)

Kinder erben zu gleichen Teilen. § 1924 BGB.

Beispiel: Hinterläßt ein Erblasser ein Vermögen von 30 000 M., so erben, wenn zwei Söhne A und B und zwei Kinder einer vorverstorbenen Tochter C hinterblieben sind, die beiden Söhne A und B je 10 000 M. und die beiden Kinder der Tochter (Enkel des Erblassers) je 5 000 M.

Außereheliche Kinder haben nur ein Erbrecht gegenüber ihrer Mutter und deren Verwandten, nicht aber gegenüber ihrem natürlichen Vater und dessen Verwandten, es müßte denn sein, daß der natürliche Vater die Mutter geheiratet hat (Legitimation durch nachfolgende Ehe).

Adoptierte Kinder beerben sowohl ihre leiblichen Eltern, als auch diejenigen, welche sie an Kindesstatt angenommen haben. Dagegen haben sie kein Erbrecht gegen die Verwandten und den Ehegatten des Adoptierenden.

Gesetzliche Erben der zweiten Ordnung sind die Eltern des Erblassers und deren Abkömmlinge.

Leben zur Zeit des Erbfalls die Eltern, so erben sie allein und zu gleichen Teilen.

Lebt zur Zeit des Erbfalls der Vater oder die Mutter nicht mehr, so treten an die Stelle des Verstorbenen dessen Abkömmlinge nach den für die Beerbung in der ersten Ordnung geltenden Vorschriften. Sind Abkömmlinge nicht vorhanden, so erbt der überlebende Teil allein (§ 1925 a. a. O.).

Beispiel: Ein lediger Sohn stirbt, es leben seine Mutter und seine 3 Geschwister A, B und C. Der Vater ist vor ihm gestorben. Der Nachlaß des Sohnes beträgt 90 000 M. In diesem Falle erbt die Mutter $^1/_2$=45 000 M. und die Geschwister A, B und C zusammen $^1/_2$=45 000 M., jeder von ihnen davon $^1/_3$=15 000 M. Wären beide Eltern bereits tot, so würden die 3 Geschwister je 30 000 M. erben.

Läge der Fall aber so, daß infolge mehrerer Ehen die bereits verstorbenen Eltern noch andere Kinder gehabt hätten, so würde

im Falle des Todes eines der Geschwister ohne Hinterlassung von Abkömmlingen die eine Hälfte seines Nachlasses auf die Kinder des Vaters, die andere auf die Kinder der Mutter fallen. Würde der verstorbene ledige Sohn bspl. außer seinen 3 vollbürtigen Geschwistern A, B und C noch einen Stiefbruder D haben und würden beide Eltern bereits tot sein, so würden A, B und C zusammen 45 000 M., ein jeder 15 000 M., der Stiefbruder D 45 000 M. erhalten.

Gesetzliche Erben der dritten Ordnung sind die Großeltern des Erblassers und deren Abkömmlinge.

Leben zur Zeit des Erbfalles die Großeltern, so erben sie allein und zu gleichen Teilen.

Lebt zur Zeit des Erbfalls von den väterlichen oder von den mütterlichen Großeltern der Großvater oder die Großmutter nicht mehr, so treten an die Stelle des Verstorbenen dessen Abkömmlinge. Sind Abkömmlinge nicht vorhanden, so fällt der Anteil des Verstorbenen dem anderen Teile des Großelternpaares und, wenn dieser nicht mehr lebt, dessen Abkömmlingen zu.

Leben zur Zeit des Erbfalls die väterlichen oder die mütterlichen Großeltern nicht mehr und sind Abkömmlinge der Verstorbenen nicht vorhanden, so

erben die anderen Großeltern oder ihre Abkömmlinge allein.

Soweit Abkömmlinge an die Stelle ihrer Eltern oder ihrer Voreltern treten, finden die für die Beerbung in der ersten Ordnung geltenden Vorschriften Anwendung (§ 1926 a. a. O.).

Wer in der ersten, der zweiten oder der dritten Ordnung verschiedenen Stämmen angehört, erhält den in jedem dieser Stämme ihm zufallenden Anteil. Jeder Anteil gilt als besonderer Erbteil (§ 1927 a. a. O.).

Beispiel: Stirbt ein lediger Sohn nach seinen Eltern und hinterläßt er seine Großeltern väterlicherseits A und B und seine Großeltern mütterlicherseits C und D, so erhält jedes Großelternpaar $1/2$ des Nachlasses oder A, B, C, D je $1/4$. Wäre aber der Großvater A bereits tot und hätte er 2 Enkel a und b hinterlassen, so würden diese den Anteil von $1/4$ (zu gleichen Teilen $= 1/8$) erben, welchen ihr Großvater erhalten haben würde, wenn er gelebt hätte. Hätte der Großvater A aber keine Abkömmlinge am Leben, so würde seine Ehefrau B (die Großmutter des Erblassers) sein $1/4$ erben, im Ganzen also $1/2$ erhalten.

Die Abkömmlinge des verstorbenen Großvaters A, nämlich die Enkel a und b, würden aber ausgeschlossen sein, wenn der Erblasser — der in obigem Beispiele als ledig bezeichnet war — eine Ehefrau hinterlassen hätte. Diese würde unter der Voraussetzung, daß die Ehe kinderlos war, nach dem weiter unten Bemerkten, außer der Hälfte des Nachlasses noch die Anteile der beiden Enkel a und b erhalten.

Gesetzliche Erben der vierten Ordnung sind die Urgroßeltern des Erblassers und deren Abkömmlinge.

Leben zur Zeit des Erbfalls Urgroßeltern, so erben sie allein; mehrere erben zu gleichen Teilen, ohne Unterschied, ob sie derselben Linie oder verschiedenen Linien angehören.

Leben zur Zeit des Erbfalls Urgroßeltern nicht mehr, so erbt von ihren Abkömmlingen derjenige, welcher mit dem Erblasser dem Grade nach am nächsten verwandt ist; mehrere gleich nahe Verwandte erben zu gleichen Teilen (§ 1928 a. a. O.).

Gesetzliche Erben der fünften Ordnung und der ferneren Ordnungen sind die entfernteren Voreltern des Erblassers und deren Abkömmlinge.

Die Vorschriften des § 1928 Abs. 2, 3 finden entsprechende Anwendung. § 1929 a. a. O.

Ein Verwandter ist nicht zur Erbfolge berufen, solange ein Verwandter einer vorhergehenden Ordnung vorhanden ist (§ 1930 a. a. O.).

b) Erbrecht des Ehegatten.

Der überlebende Ehegatte des Erblassers ist neben Verwandten der ersten Ordnung zu einem Vierteile, neben Verwandten der zweiten

Ordnung oder neben Großeltern zur Hälfte der Erbschaft als gesetzlicher Erbe berufen. Treffen mit Großeltern Abkömmlinge von Großeltern zusammen, so erhält der Ehegatte auch von der anderen Hälfte den Anteil, der nach § 1926 den Abkömmlingen zufallen würde. Sind weder Verwandte der ersten oder der zweiten Ordnung noch Großeltern vorhanden, so erhält der überlebende Ehegatte die ganze Erbschaft.

Der überlebende Ehegatte erhält außer dem Erbteile, wenn er neben Verwandten der zweiten Ordnung oder neben Großeltern gesetzlicher Erbe ist, als Voraus:

a) die zum ehelichen Haushalt gehörenden Gegenstände, soweit sie nicht Zubehör eines Grundstücks sind;
b) die Hochzeitsgeschenke.

Auf den Voraus finden die für Vermächtnisse geltenden Vorschriften Anwendung (§ 1932 a. a. O.).

Das Erbrecht des überlebenden Ehegatten sowie das Recht auf den Voraus ist ausgeschlossen, wenn der Erblasser zur Zeit seines Todes auf Scheidung wegen Verschuldens des Ehegatten zu klagen berechtigt war und die Klage auf Scheidung oder auf Aufhebung der ehelichen Gemeinschaft erhoben hatte (§ 1933 a. a. O.).

Gehört der überlebende Ehegatte zu den erbberechtigten Verwandten, so erbt er zugleich als Verwandter. Der Erbteil, der ihm auf Grund der Verwandtschaft zufällt, gilt als besonderer Erbteil (§ 1934 a. a. O.).

Fällt ein gesetzlicher Erbe vor oder nach dem Erbfalle weg und erhöht sich infolge dessen der Erbteil eines anderen gesetzlichen Erben, so gilt der Teil, um welchen sich der Erbteil erhöht, in Ansehung der Vermächtnisse und Auflagen, mit denen dieser Erbe oder der wegfallende Erbe beschwert ist, sowie in Ansehung der Ausgleichungspflicht als besonderer Erbteil (§ 1935 a. a. O.).

Beispiele: 1. Der Erblasser hinterläßt seine Ehefrau und 4 Kinder. Im Falle der gesetzlichen Erbfolge erhalten die Ehefrau $^1/_4$, die 4 Kinder zusammen $^3/_4$, jedes Kind also $^3/_{16}$ der Erbschaft.

2. Die Ehe des Erblassers war kinderlos. Es lebt seine Ehefrau, sein Vater (Witwer) und 3 Geschwister. In diesem Falle erhält die Witwe des Erblassers den Voraus. Von der übrigen Erbschaft erhält sie $^1/_2$, der Vater und die 3 Geschwister erhalten und zwar ersterer $^1/_4$, letztere zusammen $^1/_4$ also ein jeder $^1/_{12}$.

3. Der Fall, daß der Ehegatte zugleich als Verwandter erbt, kann z. B. vorkommen, wenn der Erblasser seine Nichte geheiratet hatte, mit ihr in kinderloser Ehe lebte und seine Ehefrau und seine Geschwister hinterlassen wären. Wären 3 Geschwister verblieben, so erhielte die Witwe außer dem Voraus zunächst $^1/_2$ des Nachlasses, die andere Hälfte erhielte sie als einziges Kind ihrer vorverstorbenen Mutter und deren 3 Geschwister

mit je $1/_8$. Die Witwe würde also außer dem Voraus im ganzen noch $1/_2 + 1/_8 = 5/_8$ erhalten.

c) Erbrecht des Fiskus.

Ist zur Zeit des Erbfalles weder ein Verwandter noch ein Ehegatte des Erblassers vorhanden, so ist der Fiskus des Bundesstaats, dem der Erblasser zur Zeit des Todes angehört hat, gesetzlicher Erbe. Hat der Erblasser mehreren Bundesstaaten angehört, so ist der Fiskus eines jeden dieser Staaten zu gleichem Anteile zur Erbfolge berufen.

War der Erblasser ein Deutscher, der keinem Bundesstaate angehörte, so ist der Reichsfiskus gesetzlicher Erbe (§ 1936 a. a. O.).

2. Annahme und Ausschlagung der Erbschaft.

Der Erbe erwirbt die Erbschaft ohne weiteres. Es steht ihm jedoch das Recht zu, sie auszuschlagen.

Die Ausschlagung kann nur binnen sechs Wochen erfolgen. Die Frist beginnt mit dem Zeitpunkt, in welchem der Erbe von dem Anfall und dem Grunde der Berufung (Testament oder Gesetz) Kenntnis erlangt. Ist der Erbe durch Verfügung von Todes wegen berufen, so beginnt die Frist nicht vor der Verkündung der Verfügung. Die Frist beträgt sechs Monate, wenn der Erblasser seinen letzten Wohnsitz nur im Auslande gehabt hat oder wenn sich der Erbe bei dem Beginn der Frist im Ausland aufhält (§ 1944 a. a. O.). Die Ausschlagung erfolgt durch Erklärung gegenüber dem Nachlaßgericht; die Erklärung ist in öffentlich beglaubigter Form gegenüber dem Nachlaßgericht abzugeben (§ 1945).

Die Annahme und die Ausschlagung können nicht unter einer Bedingung oder Zeitbestimmung erfolgen.

Wer durch Verfügung von Todes wegen als Erbe berufen ist, kann, wenn er ohne die Verfügung als gesetzlicher Erbe berufen wäre, die Erbschaft als eingesetzter Erbe ausschlagen und als gesetzlicher Erbe annehmen.

Wer durch Testament und durch Erbantrag als Erbe berufen ist, kann die Erbschaft aus dem einen Berufungsgrunde annehmen und aus dem anderen ausschlagen (§§ 1947, 1948).

Teilannahmen oder Teilausschlagungen sind unzulässig (§ 1950).

Setzt der Erblasser einen Erben auf mehrere Erbteile ein, so kann er ihm durch Verfügung von Todes wegen gestatten, den einen Erbteil anzunehmen und den anderen auszuschlagen (§ 1951 Abs. 3).

Wird die Erbschaft ausgeschlagen, so gilt der Anfall an den Ausschlagenden als nicht erfolgt.

Die Erbschaft fällt demjenigen an, welcher berufen sein würde, wenn der Ausschlagende zur Zeit des Erbfalls nicht gelebt hätte; der Anfall gilt als als mit dem Erbfalle erfolgt (§ 1953 Abs. 1, 2).

3. Schuldenhaftung.

Der Erbe haftet grundsätzlich für die Nachlaßverbindlichkeiten sowohl mit dem Nachlasse selbst als seinem eigenen Vermögen. Zu den Nachlaßverbindlichkeiten gehören außer den vom Erblasser herrührenden Schulden, die den Erben als solchen treffenden Verbindlichkeiten, insbesondere die Verbindlichkeiten aus Pflichtteilsrechten, Vermächtnissen und Auflagen.

Der Erbe trägt die Kosten der Beerdigung des Erblassers, auch liegt ihm der 30tägige Unterhalt der zur Zeit des Todes in seinem Hausstand und Verpflegung befindlichen Angehörigen ob (§§ 1967 ff.).

Von der unbeschränkten Haftung kann sich aber der Erbe befreien. Es sind Ausnahmen zugelassen, wonach die Erben nur bis zur Höhe des Nachlasses haften, so daß sie mit ihrem eigenen Vermögen für die Schulden nicht verantwortlich sind. Diese Ausnahmen sind:

a) die Inventarerrichtung unter Zuziehung der zuständigen Behörde oder eines zuständigen Beamten. Das Recht der Niederlegung eines Nachlaßinventars ist für den Erben zeitlich nicht begrenzt. Doch muß ihm auf einen Antrag eines Nachlaßgläubigers vom Nachlaßgericht eine Frist (von 1—3 Monaten höchstens) gesetzt werden, innerhalb welcher er das

Inventar dem Gericht einzureichen hat. Läßt der Erbe diese Frist verstreichen, ohne der Aufforderung zu genügen, so haftet er unbeschränkt.

b) Nachlaßverwaltung. Der Antrag muß, noch ehe die Erben eine Teilung vorgenommen haben, von sämtlichen Erben gemeinschaftlich gestellt werden. Es muß eine den Kosten des Verfahrens entsprechende Masse vorhanden sein. Auch der Nachlaßgläubiger kann den Antrag stellen, aber nur binnen zwei Jahren seit Annahme der Erbschaft und unter der Voraussetzung, daß der Erbe die Befriedigung der Gläubiger gefährdet.

c) Nachlaßkonkurs. Während die Nachlaßverwaltung nur dann sich empfiehlt, wenn anzunehmen ist, daß der Nachlaß zur Deckung der Passiva ausreichen wird, ist der Konkurs vom Erben bei überschuldetem Nachlasse zu beantragen. Den Antrag braucht nur einer der mehreren Erben zu stellen, er muß jedoch die Überschuldung glaubhaft machen. Auch jeder Nachlaßgläubiger und ein Testamentsvollstrecker kann den Antrag stellen, vorausgesetzt, daß eine zur Deckung der Kosten des Verfahrens hinreichende Masse vorhanden ist.

Falls das Gericht die Einleitung der Nachlaßverwaltung oder des Konkurses beim Mangel genügender Masse ablehnt oder deshalb das eingeleitete Verfahren einstellt, kann der Erbe die Befriedigung des Nachlaßgläubigers insoweit verweigern, als der Nachlaß nicht ausreicht. Der Erbe ist in diesem Falle verpflichtet, den Nachlaß zum Zwecke der Befriedigung des Gläubigers im Wege der Zwangsvollstreckung herauszugeben.

d) Aufgebot der Nachlaßgläubiger. Um den Gläubigerkreis zu ermitteln, ist jeder Erbe, sofern er die Erbschaft angenommen hat und nicht bereits unbeschränkt haftet, berechtigt, das Aufgebot zu beantragen. Er muß indes ein Inventar errichtet haben. Der Antrag ist beim Nachlaßgericht zu stellen und mit einem Verzeichnis der bekannten Nachlaßgläubiger zu versehen. Den Antrag kann auch ein Nachlaßpfleger, -Verwalter und Testamentsvollstrecker stellen. Das Aufgebot trifft nur die nichtbevorrechtigten Gläubiger, also nicht Hypothekengläubiger und sonstige Pfandgläubiger, Aussonderungsberechtigte, Legatare, Pflichtteilsberechtigte. Der Erbe kann die Befriedigung eines im Aufgebotsverfahren ausgeschlossenen Nachlaßgläubigers insoweit verweigern, als der Nachlaß durch die Befriedigung der nichtausgeschlossenen Gläubiger erschöpft wird. Der Erbe hat jedoch den ausgeschlossenen Gläubiger vor den Verbindlichkeiten aus Pflichtteilsrechten, Vermächtnissen und Auflagen zu befriedigen, es sei denn, daß der Gläubiger seine Forderung erst nach der Berichtigung dieser Verbindlichkeiten geltend macht. Einen Überschuß hat der Erbe zum Zwecke der Befriedigung des Gläubigers im Wege der Zwangsvollstreckung herauszugeben. Ein Nachlaßgläubiger, der seine

Forderung später als fünf Jahre nach dem Erbfalle geltend macht, steht einem ausgeschlossenen Gläubiger gleich, es sei denn, daß die Forderung dem Erben vor dem Ablauf der fünf Jahre bekannt geworden oder im Aufgebotsverfahren angemeldet worden ist.

4. Mehrheit von Erben, Rechtsverhältnisse derselben. Auseinandersetzung, Ausgleichung.

Der Nachlaß wird gemeinschaftliches Vermögen der Erben. Jeder Miterbe kann über seinen Anteil an dem Nachlasse, nicht aber über seinen Anteil an den einzelnen Nachlaßgegenständen verfügen. Der Vertrag bedarf der gerichtlichen oder notariellen Beurkundung. Verkauft ein Miterbe seinen Anteil an einen Dritten, so sind die übrigen Miterben vorkaufsberechtigt. Die Verwaltung des Nachlasses steht den Erben gemeinschaftlich zu. Jeder Miterbe ist dem anderen gegenüber verpflichtet, zu Maßregeln mitzuwirken, die zur ordnungsmäßigen Verwaltung erforderlich sind; die zur Erhaltung notwendigen Maßregeln kann jeder Miterbe ohne Mitwirkung der anderen treffen. Gehört ein Anspruch zum Nachlasse, so kann der Verpflichtete nur an alle Erben gemeinschaftlich leisten und jeder Miterbe nur die Leistung an alle Erben fordern. Jeder Miterbe kann verlangen, daß der Verpflichtete die zu leistende Sache für alle Erben

hinterlegt oder, wenn sie sich nicht zur Hinterlegung eignet, an einen gerichtlich zu bestellenden Verwahrer abliefert. Die Erben können über einen Nachlaßgegenstand nur gemeinschaftlich verfügen (§§ 2032 a. a. O.).

Die Auseinandersetzung kann jeder Miterbe jederzeit verlangen. Ausnahmen finden nur statt, wenn der Erblasser durch letztwillige Verfügung die Auseinandersetzung in Ansehung des Nachlasses oder einzelner Nachlaßgegenstände ausgeschlossen oder von Einhaltung einer Kündigungsfrist abhängig gemacht hat, wenn die Erbteile, weil die Geburt eines Miterben erwartet wird, noch unbestimmt sind oder weil die Entscheidung über eine Ehelichkeitserklärung, über die Bestätigung einer Annahme an Kindesstatt, die Genehmigung einer vom Erblasser errichteten Stiftung noch aussteht, oder weil ein Aufgebot zum Zwecke des Aufgebots der Nachlaßgläubiger schwebt. Die oben gedachte letztwillige Verfügung wird unwirksam, wenn 30 Jahre seit dem Eintritt des Erbfalles verstrichen sind. Der Erblasser kann jedoch anordnen, daß die Verfügung bis zum Eintritt eines bestimmten Ereignisses in der Person eines Miterben oder, falls er eine Nacherbfolge oder ein Vermächtnis anordnet, bis zum Eintritt der Nacherbfolge oder bis zum Anfalle des Vermächtnisses gelten soll. Ist der Miterbe, in dessen Person das Ereignis eintreten soll, eine juristische Person, so bewendet es bei der dreißigjährigen Frist (§§ 2042 ff. a. a. O.).

Aus dem Nachlaß sind zunächst die Nachlaßverbindlichkeiten, soweit erforderlich, unter Versilberung der Masse zu berichtigen. Der Überschuß gebührt den Erben nach Verhältnis der Erbteile.

Der Erblasser kann durch letztwillige Verfügungen Anordnungen für die Auseinandersetzung treffen, z. B. bei der Vor- und Nacherbfolge, wenn der überlebende Ehegatte zur ferneren Ehe schreitet. Er kann insbesondere anordnen, daß die Auseinandersetzung nach dem billigen Ermessen eines Dritten erfolgen soll. Die von dem Dritten getroffene Bestimmung ist für die Erben nicht verbindlich, wenn sie offenbar unbillig ist. Die Bestimmung erfolgt in diesem Falle durch Urteil. Hat der Erblasser angeordnet, daß einer der Miterben das Recht haben soll, ein zum Nachlasse gehöriges Landgut zu übernehmen, so ist im Zweifel anzunehmen, daß das Landgut zu dem Ertragswert angesetzt werden soll. Der Ertragswert bestimmt sich nach dem Reinertrage, den das Landgut nach seiner bisherigen wirtschaftlichen Bestimmung bei ordnungsmäßiger Bewirtschaftung nachhaltig gewähren kann (§§ 2046 ff. a. a. O.).

Inbetreff der gesetzlich oder durch letztwillige Verfügung den Miterben auferlegten Ausgleichungspflicht (Kollation) gelten folgende besondere Bestimmungen:

Abkömmlinge, die als gesetzliche Erben zur Erbfolge gelangen, sind verpflichtet, dasjenige, was sie von dem Erblasser bei dessen Lebzeiten als Ausstattung erhalten haben, bei der Auseinandersetzung untereinander zur Ausgleichung zu bringen, soweit nicht der Erblasser bei der Zuwendung ein anderes angeordnet hat (§ 2050 Abs. 1 a. a. O.). Ausstattung ist dasjenige, was einem Kinde mit Rücksicht auf seine Verheiratung oder auf die Erlangung einer selbständigen Lebensstellung zur Begründung oder zur Erhaltung der Wirtschaft oder der Lebensstellung von dem Vater oder der Mutter zugewendet wird (§ 1624 a. a. O.).

Zuschüsse, die zu dem Zwecke gegeben worden sind, als Einkünfte verwendet zu werden, sowie Aufwendungen für die Vorbildung zu einem Berufe sind insoweit zur Ausgleichung zu bringen, als sie das den Vermögensverhältnissen des Erblassers entsprechende Maß überstiegen haben (§ 2050 Abs. 2 a. a. O.).

Andere Zuwendungen unter Lebenden sind zur Ausgleichung zu bringen, wenn der Erblasser bei der Zuwendung die Ausgleichung angeordnet hat (§ 2050 Abs. 3 a. a. O.). Eine erst später getroffene derartige Anordnung hat also keine Wirkung.

Der Ausgleichungspflicht unterliegt auch der an die Stelle eines wegfallenden Abkömmlings tretende Abkömmling, sowie im Zweifel auch der eingesetzte Ersatzerbe (§ 2051 a. a. O.).

Die Vorschriften des BGB. ergeben, daß eine Ausgleichung nur für die gesetzliche Erbfolge der ersten Ordnung, nicht aber für die durch Verfügung von Todes wegen berufenen Erben kraft Gesetzes in Betracht kommt. Der Erblasser kann indessen durch letztwillige Verfügung eine solche Ausgleichung anordnen, wobei er jedoch das Pflichtteilsrecht der Erben nicht unbeachtet lassen darf. Hat indes der Erblasser die Abkömmlinge auf dasjenige eingesetzt, was sie als gesetzliche Erben erhalten würden, oder hat er ihre Erbteile so bestimmt, daß sie zu einander in demselben Verhältnisse stehen, wie die gesetzlichen Erbteile, so ist im Zweifel anzunehmen, daß die Abkömmlinge nach obigen für die gesetzliche Erbfolge bestehenden Grundsätzen zur Ausgleichung verpflichtet sein sollen (§ 2052 a. a. O.).

Die Ausgleichung findet nur unter Abkömmlingen statt. Die Ehefrau des Erblassers kann weder von den Kindern desselben, noch letztere von der Ehefrau die Ausgleichung verlangen. Treten Enkel des Erblassers an Stelle ihres Vaters oder ihrer Mutter, so sind diese wegen der vom Erblasser seinen unmittelbaren Abkömmlingen gemachten Zuwendungen zur Ausgleichung verpflichtet. In gleicher Weise müssen sie auch das zur Ausgleichung bringen, was sie selbst vom Erblasser nach Wegfall ihres Vaters oder ihrer Mutter erhalten haben Diese Verpflichtung tritt aber bezüglich dessen nicht ein, was ein Enkel vom Erblasser noch bei Lebzeiten seines Vaters erhalten hat.

Bemerkt wird noch, daß ein Miterbe zur Herausgabe des Mehrbetrages nicht verpflichtet ist, falls er durch die Zuwendung mehr erhalten hat, als ihm bei der Auseinandersetzung zukommen würde. Der Nachlaß wird in einem solchen Falle unter die übrigen Erben in der Weise geteilt, daß der Wert der Zuwendung und der Erbteil des Miterben außer Ansatz bleiben (§ 2056 a. a. O.).

Übrigens ist jeder Miterbe verpflichtet, den übrigen Erben auf Verlangen Auskunft über die Zuwendungen zu erteilen, die er zur Ausgleichung zu bringen hat, welche Auskunft er event. zu beeiden hat.

Beispiel: Der reine Nachlaß des A beträgt 60 000 M. A wird beerbt von seiner Witwe B, seinen Kindern C und D und von seiner Enkelin F, einer Tochter seines vorverstorbenen Sohnes E. Die Witwe B erhält als Erbteil 1/4 des Nachlasses = 15 000 M., so daß unter die Abkömmlinge 45 000 M. zur Verteilung kommen. Die Tochter C hat eine Ausstattung im Werte von 8 000 M., der verstorbene Sohn E zur Begründung eines kaufmännischen Geschäfts 4 000 M., D aber noch keine ausgleichungspflichtige Zuwendung erhalten. Unter Hinzurechnung der Zuwendungen der Tochter C und des Sohnes E von zusammen 12 000 M. würde die Teilungsmasse 57 000 M. und der Erbteil von C, F und D je 1/3 = 19 000 M. betragen.

Es entfallen:

1) auf C 19 000 — 8 000 M.	. . =	11 000 M.
2) auf F 19 000 — 4 000 M.	. . =	15 000 M.
3) auf D	. =	19 000 M.
	Sa. . .	45 000 M.

Das Mehrempfangene ist nicht herauszugeben (§ 2056).

Beispiel: Ein Erblasser wird von seinen 3 Kindern A, B und C beerbt, von welchen A 18 000 M., B 11 000 M., C 400 M. zur Ausgleichung zu bringen haben.

Die reine Nachlaßmasse beträgt . . .	12 000 M.
dazu treten die Zuwendungen von 18 000 + 11 000 + 400 M. . . . =	29 400 M.
Sa. . .	41 400 M.
Hiervon würde jedes Kind 1/3 . . . =	13 800 M.

erhalten.

Da A 18 000 M., also bereits mehr erhalten hat, so scheidet er bei der Teilung ganz aus, so daß nach Abzug seiner in obigen 41 400 M. enthaltenen Zuwendung

von	18 000 M.
noch	23 400 M.

unter B und C zu teilen sind. Jeder derselben würde 11 700 M. erhalten.

Es erhält

B 11 700 — 11 000 M.	. . . . =	700 M.
C 11 700 — 400 M.	. . . . =	11 300 M.
	d. i. . .	12 000 M.

5. Rechtsverhältnis der Miterben und Nachlaßgläubiger.

Den Nachlaßgläubigern gegenüber haften die Miterben bis zur Teilung grundsätzlich als Gesamtschuldner. Diese Haftung beschränkt sich auf den Anteil des Miterben am Nachlaß, welcher sonach berechtigt ist, andringende Nachlaßgläubiger auf seinen Erbteil zu verweisen. Haftet er aber für eine Nachverbindlichkeit unbeschränkt d. h. wegen Verlustes der Haftungsbeschränkung mit seinem eigenen Vermögen, so ist er mit letzterem nur für den seinem Erbteil entsprechenden Teil einer Verbindlichkeit verantwortlich. Die Nachlaßgläubiger haben daneben auch das Recht, die Befriedigung aus dem ungeteilten Nachlasse von sämtlichen Miterben zu verlangen (§§ 2058, 2059 BGB.).

Da durch eine Teilung der Miterben den Gläubigern die Durchführung ihrer Rechte wesentlich erschwert wird, wird vom BGB. der Grundsatz aufgestellt, daß nach der Teilung eine gesamtschuldnerische und unbeschränkte Haftung der Miterben eintritt, gegen welche Rechtsfolge sie sich aber durch gewisse gesetzliche Mittel schützen können. In den Fällen des § 2060 a. a. O. haftet nämlich ein Miterbe für eine Nachlaßverbindlichkeit nicht auf das Ganze, sondern nur im Verhältnisse zu seinem Erbteile (z. B. als Erbe zu $1/3$ nur für $1/3$ der Nachlaßschuld) und zwar

1. wenn der Gläubiger im Aufgebotsverfahren ausgeschlossen ist,
2. wenn der Gläubiger mit Geltendmachung seiner Forderung über 5 Jahre seit dem Erbfalle im Verzug ist, es sei denn, daß die Forderung im Aufgebotsverfahren angemeldet worden oder dem Erben vorher bekannt geworden ist,
3. wenn der Gläubiger sich erst meldet, nachdem der Nachlaßkonkurs durchgeführt ist,
4. wenn Gläubiger sich auf ein Privataufgebot nicht gemeldet haben, vorausgesetzt, daß sie dem Erben nicht etwa zur Zeit der Teilung bekannt waren.

Das Privataufgebot der Nachlaßgläubiger kann jeder Miterbe durch öffentliche Aufforderung im Reichsanzeiger und im Amtsblatt des Nachlaßgerichts unter sechsmonatlicher Meldefrist bewirken. Meldet sich also ein Gläubiger nicht rechtzeitig, so kann er auf den Betrag der Erbquote verwiesen werden.

Zu bemerken ist, daß Miterben eine Nachlaßverwaltung nur vor der Teilung und nur gemeinschaftlich beantragen können. Dagegen kommt die Einreichung eines Inventars seitens eines Miterben, das von einem Miterben beantragte gerichtliche Aufgebot und dessen Privataufgebot in seinen Wirkungen allen übrigen Miterben zu statten. Der Nachlaßkonkurs kann auch nach erfolgter Teilung eröffnet werden.

6. Das Testament.

a) Begriff und Inhalt im allgemeinen.

Das Bürgerliche Gesetzbuch erkennt als Testament ohne Rücksicht auf seinen Inhalt jede einseitige Verfügung von Todes wegen an. Es ist also gleichgültig, ob darin eine Erbeinsetzung enthalten ist. Auch Vermächtnisse, Verfügungen über Teile des Nachlasses, Enterbungen, Beschränkungen des Pflichtteils, Benennung von Vormündern und Beiständen können allein den Inhalt eines Testamentes bilden. Die Begriffe „Kodizill" und „Nachzettel" sind dem BGB. unbekannt.

Ein Testament kann nur von dem Erblasser persönlich, nicht durch einen Vertreter errichtet werden (§ 2064). Eine letztwillige Verfügung kann auch nicht in der Weise getroffen werden, daß ein anderer zu bestimmen hat, ob sie gelten soll oder nicht, wem etwas zugewendet oder was jemandem zugewendet werden soll (§ 2065 a. a. O.).

Zuweilen finden sich in Testamenten folgende Redewendungen: Ich setze „meine gesetzliche Erben", „meine Verwandten", „meine nächsten Verwandten", „meine Kinder", „meine Dienstboten", „die Armen" ein. Für solche Fälle finden sich in den §§ 2066 ff. BGB. folgende Auslegungsregeln:

Hat der Erblasser seine gesetzlichen Erben ohne nähere Bestimmung bedacht, so sind diejenigen, welche zur Zeit des Erbfalls seine gesetzlichen Erben sein würden, nach dem Verhältnis ihrer gesetzlichen Erbteile bedacht. Ist die Zuwendung unter einer aufschiebenden Bedingung oder unter Bestimmung eines Anfangstermins gemacht und tritt die Bedingung oder der Termin erst nach dem Erbfall ein, so sind im Zweifel diejenigen als bedacht anzusehen, welche die gesetzlichen Erben sein würden, wenn der Erblasser zur Zeit des Eintritts der Bedingung oder des Termins gestorben wäre (§ 2066).

Hat der Erblasser seine Verwandten oder seine nächsten Verwandten ohne nähere Bestimmung bedacht, so sind im Zweifel diejenigen Verwandten, welche zur Zeit des Erbfalls seine gesetzlichen Erben sein würden, als nach dem Verhältnis ihrer gesetzlichen Erbteile bedacht anzusehen. Hinsichtlich bedingter oder befristeter Zuwendungen gilt das vorhin Gesagte (§ 2067).

Hat der Erblasser seine Kinder ohne nähere Bestimmung bedacht und ist ein Kind vor der Errichtung des Testaments mit Hinterlassung von Abkömmlingen gestorben, so ist im Zweifel anzunehmen, daß die Abkömmlinge insoweit bedacht sind, als sie bei der gesetzlichen Erbfolge an die Stelle des Kindes treten würden (§ 2068).

Hat der Erblasser einen seiner Abkömmlinge bedacht und fällt dieser nach der Errichtung des Testaments weg, so ist im Zweifel anzunehmen, daß dessen Abkömmlinge insoweit bedacht sind, als sie bei der gesetzlichen Erbfolge an dessen Stelle treten würden (§ 2069).

Hat der Erblasser die Abkömmlinge eines Dritten ohne nähere Bestimmung bedacht, so ist im Zweifel anzunehmen, daß diejenigen Abkömmlinge nicht bedacht sind, welche zur Zeit des Erbfalls oder, wenn die Zuwendung unter einer aufschiebenden Bedingung oder unter Bestimmung eines Anfangstermins gemacht ist und die Bedingung oder der Termin erst nach dem Erbfall eintritt, zur Zeit des Eintritts der Bedingung oder des Termins noch nicht erzeugt sind (§ 2070).

Hat der Erblasser ohne nähere Bezeichnung eine Klasse von Personen oder Personen bedacht, die zu ihm in einem Dienst- oder Geschäftsverhältnisse stehen, so ist im Zweifel anzunehmen, daß diejenigen bedacht sind, welche zur Zeit des Erbfalls der bezeichneten Klasse angehören oder in dem bezeichneten Verhältnisse stehen (§ 2071).

Hat der Erblasser die Armen ohne nähere Bestimmung bedacht, so ist im Zweifel anzunehmen, daß die öffentliche Armenkasse der Gemeinde, in deren Bezirk er seinen letzten Wohnsitz gehabt hat, unter der Auflage bedacht ist, das Zugewendete unter Arme zu verteilen (§ 2072).

Hat der Erblasser den Bedachten in einer Weise bezeichnet, die auf mehrere Personen paßt, und läßt sich **nicht** ermitteln, wer von ihnen bedacht werden sollte, so gelten sie als zu **gleichen** Teilen bedacht (§ 2073).

Läßt der Inhalt einer letztwilligen Verfügung verschiedene Auslegungen zu, so ist im Zweifel diejenige Auslegung vorzuziehen, bei welcher die Verfügung Erfolg haben kann (§ 2084).

Eine letztwillige Verfügung, durch die der Erblasser seinen **Ehegatten** bedacht hat, ist **unwirksam**, wenn die Ehe **nichtig** oder bei dem Tode des Erblassers **aufgelöst** ist; ferner wenn der Erblasser zur Zeit seines **Todes**, wegen eines **Verschuldens** des anderen Ehegatten auf **Scheidung zu klagen berechtigt** war und die Klage auf Scheidung oder Aufhebung der ehelichen Gemeinschaft erhoben hatte (§ 2077).

b) Erbeinsetzung.

Die letztwillige Verfügung enthält eine **Erbeinsetzung**, wenn der Erblasser dem Bedachten sein **ganzes Vermögen** oder einen **Bruchteil** desselben zugewendet hat. Ob der Bedachte in diesem Falle als Erbe bezeichnet ist, ist unerheblich.

Sind dem Bedachten hingegen nur **einzelne Gegenstände** zugewendet, so ist im Zweifel nicht anzunehmen, daß er Erbe sein soll, auch **wenn er als Erbe bezeichnet ist** (§ 2087).

Zur Erläuterung dienen folgende **Beispiele**:

Der Testator bestimmt:

Mein ganzes Vermögen besteht aus 50 000 M. Davon vermache ich dem A 40 000 M. und dem B 10 000 M. Hier sind A und B zu Erben eingesetzt und zwar A zu $^4/_5$, B zu $^1/_5$ des Nachlasses.

Oder:

A und B sollen meinen ganzen Nachlaß erhalten und zwar A den beweglichen, B den unbeweglichen Nachlaß. Hier sind A und B als Erben anzusehen, weil der Erblasser durch die Teilungsordnung seinen ganzen Nachlaß erschöpft hat.

Oder:

A erbt aus meinem Nachlasse 1 000 M., den Rest desselben B. Hier ist B wirklich Erbe, A aber nur Vermächtnisnehmer.

Hat der Erblasser nur **einen** Erben eingesetzt und die Einsetzung auf einen **Bruchteil** der Erbschaft beschränkt, so tritt in Ansehung des **übrigen** Teiles die **gesetzliche Erbfolge** ein. Das gleiche gilt, wenn der Erblasser **mehrere** Erben unter Beschränkung eines jeden auf einen **Bruchteil** eingesetzt hat und die Bruchteile das Ganze **nicht erschöpfen** (§ 2088).

Ist z. B. bestimmt: Ich setze den A als Erben meines Nachlasses zu $^1/_2$ ein, so erhalten die zweite Hälfte die gesetzlichen Erben.

Sollen nach dem Willen des Erblassers die eingesetzten (mehreren) Erben offenbar die **alleinigen** Erben sein, so erfolgt eine verhältnismäßige Erhöhung oder Minderung der von ihm angegebenen Bruchteile, wenn die dem eingesetzten Erben zugewendeten Bruchteile den Nachlaß nicht erschöpfen oder übersteigen (§§ 2089, 2090).

c) Anwachsung.

Sind mehrere Erben in der Weise eingesetzt, daß sie die **gesetzliche Erbfolge ausschließen**, (also alleinige Erben sein sollen) und fällt einer **vor dem Erbfalle** (durch Tod oder Erbverzicht) oder **nach dem Erbfall** (durch Ausschlagung, Erbunwürdigkeit oder Versterben vor dem Eintritt der aufschiebenden Bedingung, unter der er eingesetzt ist) weg, so **wächst sein Anteil den übrigen eingesetzten Erben** nach dem Verhältnis ihrer Erbteile zu. Sind einige der Erben auf einen gemeinschaftlichen Erbteil eingesetzt, so tritt die Anwachsung zunächst unter ihnen ein.

Ist durch die Erbeinsetzung nur über einen Teil der Erbschaft verfügt und findet in Ansehung des übrigen Teils die gesetzliche Erbfolge statt, so tritt die Anwachsung unter den eingesetzten Erben nur ein, soweit sie auf einen gemeinschaftlichen Erbteil eingesetzt sind.

Der Erblasser kann die Anwachsung ausschließen (§ 2094).

Beispiel: Der Erblasser hat den A und B je auf $1/3$, C und D zusammen auf $1/3$ eingesetzt. Fällt C weg, so wächst sein Anteil nur dem D zu. Wären aber A, B, C und D als Erben eingesetzt, so würde beim Wegfalle des C A, B und D Erbe zu $1/3$ sein.

Sind A und B zu je $1/4$ zu Erben eingesetzt und soll die zweite Hälfte den gesetzlichen Erben zufallen, so wächst der Anteil des A oder B, falls sie bspl. durch Ausschlagung wegfallen, der Hälfte zu, welche die gesetzlichen Erben erhalten. Wäre aber A und B gemeinschaftlich auf $1/2$ eingesetzt, während die andere Hälfte die gesetzlichen Erben erhalten sollen, so wächst der Anteil des etwa wegfallenden A dem B zu.

d) Ersatzerbe (§§ 2096 ff. BGB.).

Die Anwachsung ist ausgeschlossen, wenn ein Ersatzerbe vorhanden ist.

Der Erblasser kann für den Fall, daß ein Erbe vor oder nach dem Eintritt des Erbfalles wegfällt, einen anderen als Erben (Ersatzerben) einsetzen (§ 2094). Vor dem Erbfall erfolgt der Wegfall durch Tod, Widerruf der die Einsetzung enthaltenden Verfügung, Verzicht des eingesetzten Erben, infolge Nichtigkeit der Zuwendung. Nach dem Erbfall erfolgt der Wegfall durch Ausschlagung der Erbschaft, durch Erbunwürdigkeitserklärung. Das Recht des Ersatzerben geht dem Anwachsungsrecht vor (§ 2099).

e) Nacherbe. (§§ 2100 ff. BGB.).

Der Nacherbe ist vom Ersatzerben scharf zu unterscheiden. Ersatzerbe tritt an die Stelle einer Person, welche nicht Erbe geworden ist, der Nacherbe ist der Nachfolger einer Person, welche eine zeitlang wirklich Erbe (Vorerbe) war (Fideikommissarische Substitution). Diese Testamentsform kommt vielfach dann zur Anwendung, wenn ein Ehegatte den andern zugleich mit Kindern als Erben beruft, hierbei aber verordnet, daß die Kinder erst nach dem Tode der Eltern in den Genuß des Nachlasses treten sollen. Die Eheleute bestimmen z. B.: „Wir setzen uns gegenseitig zu Erben ein. Nach dem Tode des Letztlebenden von uns sollen unsere Kinder unsere Erben werden" oder „Wir setzen uns gegenseitig zu Erben ein. Was bei dem Tode des Letztlebenden von uns übrig sein wird, sollen unsere Kinder erben".

Dem Vorerben gehört der Nachlaß, er hat grundsätzlich hierüber freie Verfügung, doch unterliegt er mancherlei Beschränkungen zum Schutze des Nacherben. Soweit das Recht des letzteren vereitelt oder beeinträchtigt würde, sind unwirksam Verfügungen des Vorerben über Nachlaßgrundstücke, über Rechte an solchen, ferner alle unentgeltlichen Verfügungen und Zwangsvollstreckungen in den Nachlaß, sofern sie nicht von Gläubigern des Nachlasses ausgehen. Die Kündigung und Einziehung von Hypotheken, Grundschulden, Rentenschulden ist statthaft, doch muß das Kapital hinterlegt werden, wenn nicht der Nacherbe die Zahlung an den Vorerben genehmigt. Der Vorerbe kann Mitteilung eines Verzeichnisses der zur Erbschaft gehörigen Gegenstände und Auskunft über den Bestand der Erbschaft, nötigenfalls Sicherheitsstellung verlangen. Durch Testament kann indes der Vorerbe von den gesetzlichen Beschränkungen befreit werden, jedoch darf ihm aber nicht die unentgeltliche Verfügung eingeräumt werden, ebensowenig darf er von der Mitteilung des Nachlaßverzeichnisses und von der Feststellung des Zustandes der zum Nachlasse gehörenden Sachen durch Sachverständige befreit werden. Wegen der möglichen Befreiungen s. § 2136 a. a. O. Hat der Erblasser den Nacherben auf dasjenige eingesetzt, was von der Erbschaft bei dem Eintritt der Nacherbfolge übrig sein wird, so gilt die Befreiung von allen im § 2136 bezeichneten Beschränkungen und Verpflichtungen als angeordnet. Das gleiche ist im Zweifel anzunehmen, wenn der Erblasser bestimmt hat, daß der Vorerbe zur freien Verfügung über die Erbschaft berechtigt sein soll.

f) Vermächtnis (§§ 2147 ff. BGB.).

Der Erblasser kann jemandem, ohne ihn zum Erben einzusetzen, durch eine Verfügung von Todes wegen etwas zuwenden. Das ist ein Vermächtnis (§ 1939 BGB.).

Ist das Vermächtnis einem Erben zugewendet, so heißt es Vorausvermächtnis (§ 2150 a. a. O.).

Mehrere Erben oder Vermächtnisnehmer sind im Zweifel (d. h. beim Mangel klarer Bestimmungen des Erblassers) nach dem Verhältnisse der Erbteile bezw. nach dem Verhältnisse des Werts der Vermächtnisse beschwert (§ 2148 das.). Der Vermächtnisnehmer erwirbt das Eigentum der vermachten Sache ꝛc. nicht unmittelbar auf Grund der letztwilligen Verfügung des Erblassers, sondern er hat nur ein Forderungsrecht gegen den Erben, so daß der letztere also verpflichtet ist, ihm bewegliche Sachen zu übergeben, Forderungen abzutreten, Grundstücke aufzulassen. Hat der Erblasser Besorgnis, daß dem Vermächtnisnehmer von dem Erben Schwierigkeiten bereitet werden könnten, so kann er sich der Hilfe eines von ihm ernannten Testamentsvollstreckers bedienen.

Die Forderung des Vermächtnisnehmers kommt unbeschadet des Rechts, das Vermächtnis auszuschlagen, zur Entstehung mit dem Erbfalle und, wenn der Bedachte zu dieser Zeit noch nicht erzeugt war, mit seiner Geburt (Anfall des Vermächtnisses).

Die Ausschlagung eines Vermächtnisses geschieht durch Erklärung gegenüber dem Beschwerten. Diese Erklärung kann erst nach dem Eintritt des Erbfalles abgegeben werden, sie ist an keine Frist gebunden.

Besondere Vorschriften gelten in betreff des Alternativvermächtnisses (§§ 2151, 2152), des Teilvermächtnisses (§ 2153), des Wahlvermächtnisses (§ 2154) und des Gattungsvermächtnisses (§ 2155).

Ist mehreren derselbe Gegenstand vermacht, so wächst, beim Wegfall eines von ihnen vor oder nach dem Erbfalle, dessen Anteil den übrigen Bedachten nach dem Verhältnisse ihrer Anteile an. Der Erblasser kann dieses Anwachsungsrecht ausschließen (§ 2158 a. a. O.).

Ein Vermächtnis ist unwirksam, wenn der Bedachte zur Zeit des Erbfalls nicht mehr lebt (§ 2160 das.).

Hinsichtlich bedingter und befristeter Vermächtnisse gilt folgendes:

„§ 2162. Ein Vermächtnis, das unter einer aufschiebenden Bedingung oder unter Bestimmung eines Anfangstermins angeordnet ist, wird mit dem Ablaufe von 30 Jahren nach dem Erbfall unwirksam, wenn nicht vorher die Bedingung oder der Termin eingetreten ist.

Ist der Bedachte zur Zeit des Erbfalls noch nicht erzeugt oder wird seine Persönlichkeit durch ein erst nach dem Erbfall eintretendes Ereignis bestimmt, so wird das Vermächtnis mit dem Ablaufe von 30 Jahren nach dem Erbfall unwirksam, wenn nicht vorher der Bedachte erzeugt oder das Ereignis eingetreten ist, durch das seine Persönlichkeit bestimmt wird.

§ 2163. Das Vermächtnis bleibt in den Fällen des § 2162 auch nach dem Ablaufe von 30 Jahren wirksam:

1. wenn es für den Fall angeordnet ist, daß in der Person des Beschwerten oder des Bedachten ein bestimmtes Ereignis eintritt, und derjenige, in dessen Person das Ereignis eintreten soll, zur Zeit des Erbfalls lebt;
2. wenn ein Erbe, ein Nacherbe oder ein Vermächtnisnehmer für den Fall, daß ihm ein Bruder oder eine Schwester geboren wird, mit einem Vermächtnisse zugunsten des Bruders oder der Schwester beschwert ist.

Ist der Beschwerte oder der Bedachte, in dessen Person das Ereignis eintreten soll, eine juristische Person, so bewendet es bei der 30 jährigen Frist."

Wie eine Nacherbschaft, so ist auch ein Nachvermächtnis möglich (§ 2191 a. a. O.).

g) Auflage (§§ 2192 ff. BGB.).

Der Erblasser kann durch Testament den Erben oder einen Vermächtnisnehmer zu einer Leistung verpflichten, ohne einem anderen ein Recht auf die Leistung zuzuwenden (§ 1940 a. a. O.). Sie ist also eine Belastung des Erben oder Vermächtnisnehmers ohne ein klagbares Recht des Bedachten. Berechtigt, die Erfüllung zu verlangen, sind der Erbe oder die Miterben und, wenn die Vollziehung der Auflage im öffentlichen Interesse liegt, auch die zuständige Behörde. Die näheren Bestimmungen über Auflagen s. bei §§ 2192 ff.

h) Testamentsvollstrecker (§§ 2197 ff. BGB.).

Der Erblasser kann durch letztwillige Verfügung einen oder mehrere Testamentsvollstrecker ernennen, er kann auch die Ernennung des Testamentsvollstreckers einem Dritten oder dem Nachlaßgericht überlassen. Die Einsetzung eines Vollstreckers ist also nicht notwendig. Unterbleibt die Benennung, so sorgt das Nachlaßgericht im Bedarfsfalle von Amts wegen oder auf Antrag eines Beteiligten für die Ausführung des letzten Willens. Fähig zum Amte eines Vollstreckers sind nur geschäftsfähige Personen, also nicht Minderjährige und Entmündigte. Der ernannte Testamentsvollstrecker ist nicht verpflichtet, das Amt anzunehmen, er kann es auch jederzeit wieder kündigen, wenn er es angenommen hat. Die Annahme und Kündigung erfolgt dem Nachlaßgericht gegenüber. Beim Mangel anderweitiger testamentarischer Anordnungen ist der gesetzliche Wirkungskreis des Testamentsvollstreckers im allgemeinen der, daß er den Nachlaß bis zur erfolgten Auseinandersetzung der Erben, die er zu bewirken hat, verwaltet. Er darf den Nachlaß in Besitz nehmen und über die Nachlaßgegenstände verfügen. Nur unentgeltliche Verfügungen über solche sind ihm, von notwendigen, der sittlichen Pflicht und dem Anstande entsprechenden Verwendungen abgesehen, untersagt. Der Vollstrecker hat die Vermächtnisse zu berichtigen, auch für die Ausführung der einem Vermächtnisnehmer auferlegten Beschwerungen Sorge zu tragen, er ist berechtigt, Verbindlichkeiten für den Nachlaß einzugehen, soweit die Eingehung zur ordnungsmäßigen Verwaltung erforderlich ist — nach Anordnung des Erblassers kann ihm das unbeschränkte Verwaltungsrecht zustehen. Der Vollstrecker hat alle erforderlichen Maßregeln zur Sicherung der Erbschaft zu treffen und die seiner Verwaltung unterliegenden, zum Nachlasse gehörigen Rechte nötigenfalls gerichtlich zu verfolgen. Er hat überall das Interesse der Erben und Vermächtnisnehmer wahrzunehmen und kann sich im Schuldfalle diesen gegenüber verantwortlich machen. Der Vollstrecker hat das Recht, auf Ersatz seiner Aufwendungen, welche er im Interesse des Nachlasses für erforderlich halten durfte, er kann für die Führung seines Amtes eine angemessene Vergütung verlangen, sofern nicht der Erblasser ein anderes bestimmt hat.

Der Testamentsvollstrecker hat dem Erben unverzüglich nach der Annahme des Amtes ein Verzeichnis der seiner Verwaltung unterliegenden Nachlaßgegenstände und der bekannten Nachlaßverbindlichkeiten mitzuteilen und ihm die zur Anfertigung des Inventars sonst erforderliche Beihülfe zu leisten.

i) Pflichtteilsanspruch (§§ 2303 ff. BGB.).

Gewisse nahe Familienangehörige des Erblassers, welche durch Verfügung von Todes wegen von der Erbfolge ausgeschlossen sind, haben das Recht, etwas aus der Erbschaft zu erhalten, den sog. Pflichtteil, es müßte denn sein, daß sie sich einer der unten angegebenen Verfehlungen schuldig gemacht haben, in welchem Falle die Entziehung oder Schmälerung des Pflichtteils in der letztwilligen Verfügung näher motiviert werden muß.

Pflichtteilsberechtigt sind die Abkömmlinge, die Eltern und der Ehegatte des Erblassers. Großeltern und Geschwister und anderweitige Verwandte gehören also nicht dazu.

Der Pflichtteil besteht in der Hälfte des Werts des gesetzlichen Erbteils.

Beispiel: Beträgt der Wert des Nachlasses 90 000 M. und hat der Erblasser drei Kinder hinterlassen, so würde jedes Kind als gesetzlichen Erbteil $1/3 = 30\,000$ M. zu erhalten haben. Der Pflichtteil eines Kindes beträgt sonach 15 000 M., diesen hätten sie zu verlangen, wenn der Erblasser z. B. eine dritte Person als alleinigen Erben eingesetzt hätte. Auf letztere Person würde in dem Falle nur der Rest d. h. 45 000 M., entfallen.

Das Pflichtteilsrecht kann durch einen Vertrag mit dem Erblasser (Erbverzicht) ausgeschlossen oder beschränkt werden (§§ 2346 ff.). Der Pflichtteil ist ein Wertsanspruch. Seine Zuwendung gilt im Zweifel nicht als Erbeseinsetzung. Der auf weniger als die Hälfte seines gesetzlichen Erbteils Eingesetzte kann von dem Erben nur die Ergänzung seines Pflichtteils in Geld verlangen. Der Pflichtteilsberechtigte kann seinen Anspruch ohne jede beschränkende Nebenbestimmung (wie z. B. Bedingungen, Zeitbestimmungen, Auflagen, Vermächtnisse, die ihm etwa auferlegt sind) fordern. Ist ein als Erbe berufener Pflichtteilsberechtigter durch die Einsetzung eines Nacherben, die Ernennung eines Testamentsvollstreckers oder eine Teilungsanordnung beschränkt oder ist er mit einem Vermächtnis oder einer Auflage beschwert, so gilt die Beschränkung oder die Beschwerung als nicht angeordnet, wenn der ihm hinterlassene Erbteil die Hälfte des gesetzlichen Erbteils nicht übersteigt. Ist dem Erben ein den Pflichtteil übersteigender Betrag, jedoch mit dergleichen Nebenbestimmungen hinterlassen, so kann er den Pflichtteil unbeschränkt verlangen, er muß aber den Erbteil frist- und formgerecht ausschlagen. Einer Beschränkung der Erbeinsetzung steht es gleich, wenn der Pflichtteilsberechtigte als Nacherbe eingesetzt ist (§ 2306).

Der Pflichtteilsanspruch verjährt in 3 Jahren von Kenntnis des Erbfalls und der Pflichtteilsverletzung an, sonst in 30 Jahren (§ 2332).

Eine letztwillige Verfügung kann angefochten werden, wenn der Erblasser einen zur Zeit des Erbfalls vorhandenen Pflichtteilsberechtigten *übergangen* (nicht erwähnt) hat, dessen Vorhandensein ihm bei der Errichtung der Verfügung *nicht bekannt* war oder der erst *nach* der Errichtung geboren oder pflichtteilsberechtigt geworden ist (z. B.

durch Annahme an Kindesstatt oder Ehelichkeitserklärung), so kann der Pflichtteilsberechtigte binnen Jahresfrist nach Kenntnis von dem Anfechtungsgrunde das Testament anfechten. Dies hat zur Folge, daß er nicht seinen Pflichtteil, sondern vielmehr den vollen gesetzlichen Erbteil erhält und das Testament insoweit hinfällig wird. Ein solcher Fall kann z. B. vorkommen, wenn der Erblasser ein verschollenes Kind als tot geglaubt und im Testament übergangen hat, dieses Kind aber nach dem Tode des Erblassers sich meldet.

Ist die Übergehung seitens des Erblassers absichtlich erfolgt, so hat der übergangene Erbe nur den Pflichtteilsanspruch (§§ 2079, 2303).

Bei der Berechnung des Pflichtteils werden auch diejenigen mitgezählt, welche durch letztwillige Verordnung von der Erbfolge ausgeschlossen sind oder die Erbschaft ausgeschlagen haben oder für erbunwürdig erklärt sind, nicht aber diejenigen, welche auf Grund ihres Erbverzichts ausgeschlossen sind, weil diese in der Regel gegen eine Abfindung verzichtet haben, welche den Nachlaß vermindert.

Beispiel: Der Erblasser hat seinen Ehegatten und vier Kinder A, B, C und D hinterlassen, von welchen letzteres — D — von ihm ausgeschlossen ist, während der Ehegatte und die beiden Kinder A und B zu Erben eingesetzt sind. D verlangt seinen Pflichtteil. B hat die Erbschaft ausgeschlagen. C hat durch Vertrag auf sein Erbrecht verzichtet. Der Nachlaß beträgt 60 000 M.

Die Berechnung des Pflichtteils ist folgende: Im Falle der gesetzlichen Erbfolge erhält der Ehegatte 1/4, die Kinder 3/4 = 45 000 M. der dritte Teil beträgt 15 000 M., der Pflichtteil 1/2 = 7 500 M.

Der Berechnung des Pflichtteils wird der Bestand und der Wert des Nachlasses zur Zeit des Erbfalls zu Grunde gelegt. Der Voraus des überlebenden Ehegatten bleibt außer Ansatz. Der Wert ist, soweit erforderlich, durch Schätzung zu ermitteln. Eine vom Erblasser getroffene Wertbestimmung ist nicht maßgebend. Soll nach der Anordnung des Erblassers einer von mehreren Erben ein Landgut zu dem Ertragswert übernehmen können, so ist der Ertragswert für die Berechnung des Pflichtteils maßgebend, wenn der Erbe vom Übernahmerecht Gebrauch macht. Hat der Erblasser einen anderen Übernahmepreis bestimmt, so ist der Schätzungswert maßgebend (§§ 2311, 2312). Hat der Erblasser einem Dritten eine Schenkung gemacht, so kann der Pflichtteilsberechtigte verlangen, daß der Betrag der Schenkung zwecks Berechnung des Pflichtteils dem Nachlasse hinzugerechnet wird, vorausgesetzt, daß noch nicht zehn Jahre seit der Leistung des Geschenks verflossen sind und die Schenkung nicht durch eine sittliche Pflicht oder einer auf den Anstand zu nehmenden Rücksicht begründet war (§§ 2325, 2330).

Beispiel: Hat der Erblasser 10 000 M. verschenkt, beträgt sein Nachlaß 50 000 M. und sind 2 pflichtteilsberechtigte Erben vorhanden, so würde ihr gesetzlicher Erbteil 30 000 M., also ihr Pflichtteil 15 000 M. betragen. Bei der Berechnung sind obige 10 000 M. dem Nachlaß hinzuzurechnen.

Ausgleichungen kommen bei der Berechnung des Pflichtteils auch in Betracht. Der Pflichtteilsberechtigte muß sich gewisse Zuwendungen unter Lebenden anrechnen lassen, ebenso sind Abkömmlinge unter einander ausgleichungspflichtig.

Der Pflichtteilsberechtigte hat sich auf den Pflichtteil anrechnen zu lassen, was ihm von dem Erblasser durch Rechtsgeschäft unter Lebenden mit der Bestimmung zugewendet worden ist, daß es auf den Pflichtteil angerechnet werden soll. Der Wert der Zuwendung wird bei der Bestimmung des Pflichtteils dem Nachlasse hinzugerechnet (§ 2315).

Beispiel: Der Erblasser hat für sein einziges Kind zu seiner Ausbildung 10 000 M. mit der Bestimmung verwendet, daß das Kind sich diesen Betrag auf seinen Pflichtteil anrechnen lassen muß. Er setzt nunmehr seine Ehefrau zur alleinigen Erbin seines 30 000 M. betragenden Nachlasses ein und schließt das Kind von der Erbschaft aus. Es sind nun bei der Berechnung des Pflichtteils 10 000 M dem Nachlasse hinzuzurechnen, so daß derselbe 40 000 M. betragen würde. Hiervon würde im Falle der gesetzlichen Erbfolge die Ehefrau $^1/_4 = 10\,000$ Mark und das Kind $^3/_4 = 30\,000$ M., also als Pflichtteil 15 000 M. erhalten. Da das Kind 10 000 M. bereits erhalten hat, bekommt es noch 5000 M.

Der Pflichtteil eines Abkömmlings bestimmt sich, wenn mehrere Abkömmlinge vorhanden sind und unter ihnen im Falle der gesetzlichen Erbfolge eine Zuwendung des Erblassers zur Ausgleichung zu bringen sein würde, nach demjenigen, was auf den gesetzlichen Erbteil unter Berücksichtigung der Ausgleichungspflicht bei der Teilung entfallen würde, also die Hälfte dieses zu ermittelnden Betrages. Ist der Pflichtteilsberechtigte Erbe und beträgt der Pflichtteil mehr als der Wert des hinterlassenen Erbteils, so kann der Pflichtteilsberechtigte von den Miterben den Mehrbetrag als Pflichtteil verlangen, auch wenn der hinterlassene Erbteil die Hälfte des gesetzlichen Erbteils erreicht oder übersteigt (§ 2316).

Es erhellt, daß die Berücksichtigung der Ausgleichungspflicht unter den mehreren Abkömmlingen andere Pflichtteilsberechtigte z. B. den Ehegatten nicht berührt. Während in dem obigen Beispiele die Zuwendung dem ganzen Nachlasse zuzurechnen war, um den Anspruch des Pflichtteilsberechtigten zu ermitteln, wird bei der Pflichtteilsberechnung unter mehreren Abkömmlingen (§ 2316) die Zuwendung nur demjenigen Teile des Nachlasses zugerechnet, welcher den Abkömmlingen zukommt.

Beispiel: Zu Erben eines Nachlasses von 20 000 Mark hat der Erblasser seine Ehefrau B und seinen Sohn D nach den Grundsätzen der gesetzlichen Erbfolge mit der Bestimmung eingesetzt, daß ein zweiter Sohn C, welcher eine Ausstattung von 5000 M. erhalten hat, ausgeschlossen ist. Der gesetzliche Erbteil der Ehefrau B beträgt $1/4$ = 5000 M. Zu dem Rest des Nachlasses von 15 000 M. ist die Ausstattung des C mit 5000 M. hinzuzurechnen, so daß der volle gesetzliche Erbteil des C und D $1/2$ von 20 000 M. = 10 000 M. betragen würde. C muß sich hiervon die Ausstattung mit 5000 M. kürzen lassen, so daß sein gesetzlicher Erbteil nur noch 5000 M. und sein Pflichtteil 2500 M. betragen würde. Es erhält nach dieser Berechnung die Ehefrau B 5000 M., der Sohn C 2500 M., der Sohn D 12 500 M.

Der Erblasser kann durch Verfügung von Todes wegen die Pflichtteilslast im Verhältnisse der Erben unter einander besonders regeln (§ 2324).

Der pflichtteilsbelastete Erbe kann Vermächtnisse oder Auflagen soweit kürzen, daß die Pflichtteilslast von ihm und dem Vermächtnisnehmer verhältnismäßig getragen wird. Dem pflichtteilsberechtigten Vermächtnisnehmer muß aber selbstredend der Pflichtteil verbleiben. Dasselbe gilt vom pflichtteilsberechtigten Erben (§ 2318).

k) Pflichtteilsentziehung.

In betreff der Abkömmlinge läßt das Gesetz Enterbungsgründe zu:

1. wenn der Abkömmling dem Erblasser, dem Ehegatten oder einem anderen Abkömmlinge des Erblassers nach dem Leben trachtet;
2. wenn der Abkömmling sich einer vorsätzlichen körperlichen Mißhandlung des

Erblassers oder des Ehegatten des Erblassers schuldig macht, im Falle der Mißhandlung des Ehegatten jedoch nur, wenn der Abkömmling von diesem abstammt;

3. wenn der Abkömmling sich eines Verbrechens oder eines schweren vorsätzlichen Vergehens gegen den Erblasser oder dessen Ehegatten schuldig macht;
4. wenn der Abkömmling die ihm dem Erblasser gegenüber gesetzlich obliegende Unterhaltspflicht böswillig verletzt;
5. wenn der Abkömmling einen ehrlosen oder unsittlichen Lebenswandel wider den Willen des Erblassers führt (§ 2333 BGB.).

Hat sich ein Abkömmling in solchem Maße der Verschwendung ergeben, oder ist er in solchem Maße überschuldet, daß sein späterer Erwerb erheblich gefährdet erscheint, so kann der Erblasser das Pflichtteilsrecht durch die Anordnung beschränken, daß nach dem Tode des Abkömmlings dessen gesetzliche Erben das ihm Hinterlassene oder den ihm gebührenden Pflichtteil als Nacherben oder als Nachvermächtnisnehmer nach dem Verhältnis ihrer gesetzlichen Erbteile erhalten sollen. Der Erblasser kann auch für die Lebenszeit des Abkömmlings die Verwaltung einem Testamentsvollstrecker übertragen; der Abkömmling hat in solchem Falle Anspruch auf den jährlichen Reinertrag (s. § 2338).

Hinsichtlich der Eltern des Erblassers gelten als Enterbungsgründe die Verfehlungen unter 1 bis 3, hinsichtlich des Ehegatten die Gründe, welche nach §§ 1565 bis 1568 BGB. zur Scheidung berechtigen (Ehebruch, Sittlichkeitsverbrechen, böswillige Verlassung, Nachstellung nach dem Leben, Zerrüttung des ehelichen Verhältnisses durch schwere Verletzung der ehelichen Pflichten, ehrloses unsittliches Verhalten) (§§ 2334, 2335 a. a. O.).

l) Allgemeine Erfordernisse und Form der Testamente.

Die Errichtung und Wirksamkeit der Testamente ist von gewissen Voraussetzungen in der Person der Testatoren und in der Form ihrer Erklärungen abhängig gemacht. Die genaue Beachtung der diesbezüglichen Vorschriften ist daher durchaus erforderlich.

In erster Linie kommt die Testierfähigkeit in Betracht. Jeder, der das 16. Lebensjahr vollendet hat, kann ein Testament errichten. Das Testament muß persönlich errichtet werden, Stellvertretung ist unzulässig. Auch bedarf es nicht der Zustimmung des gesetzlichen Vertreters des Erblassers (§§ 2229, 2064 BGB.).

Unfähig, ein Testament zu errichten, sind:

a) Minderjährige unter 16 Jahren (§ 2229 a. a. O.).

b) Personen, die sich dauernd in einem, die freie Willensbestimmung ausschließenden Zustande krankhafter Störung der Geistestätigkeit befinden (§ 104 a. a. O.).

c) Diejenigen, welche sich in einem vorübergehenden Zustand der angegebenen Art befinden, während der Dauer dieses Zustandes (§ 105 a. a. O.).

d) Die wegen Geisteskrankheit, Geistesschwäche, Verschwendung oder Trunksucht Entmündigten. Die Unfähigkeit tritt schon mit der Stellung des Antrags ein, auf Grund dessen die Entmündigung wegen Geistesschwäche, Verschwendung oder Trunksucht erfolgt (§ 2229 Abs. 3 a. a. O.).

e) Stumme oder sonst am Sprechen Verhinderte, welche Geschriebenes (z. B. wegen Blindheit) nicht zu lesen vermögen oder nicht schreiben können (§§ 2238 Abs. 2, 2243 a. a. O.).

Taubstumme, die schreiben können, und Taube, die zugleich blind oder lesens- oder schreibensunkundig sind, sind testierfähig.

Durch Übergabe einer Schrift können ein öffentliches Testament nicht errichten:

1. diejenigen, welche Geschriebenes nicht zu lesen vermögen;
2. Minderjährige (§ 2238 Abs. 2 u. 3 a. a. O.).

Dieselben Personen, sowie diejenigen, welche nicht schreiben können, sind auch unfähig, ein

Privattestament zu errichten (§§ 2231, 2247 a. a. O.).

Vgl. auch §§ 8, 9, 15, 17, 18 Anweis.

Form: Man unterscheidet öffentliche und Privat-Testamente, ferner Testamente in ordentlicher und in außerordentlicher Form.

Öffentlich ist ein von einem Beamten (Richter, Notar, Gemeindevorsteher, Gutsvorsteher oder einer besonders bestellten Urkundsperson) errichtetes Testament, alle sonstigen Testamente (das eigenhändige, handschriftliche und das mündliche vor drei Zeugen errichtete Testament) sind Privattestamente.

Ein Testament kann in ordentlicher Form errichtet werden,

1. vor einem Richter oder vor einem Notar (öffentl. Testament),
2. durch eine von dem Erblasser unter Angabe des Orts und Tags eigenhändig geschriebene und unterschriebene Erklärung (Privattestament) (§ 2231).

Das öffentliche ordentliche Testament erfordert neben dem Richter einen Gerichtsschreiber, neben dem Notar einen zweiten Notar oder je zwei Zeugen. Diese Personen dürfen nicht sein: der Ehegatte des Erblassers, auch wenn die Ehe nicht mehr besteht, auch nicht nahe, mit dem Erblasser in gerader Linie oder im zweiten Grade der Seitenlinie verwandte oder verschwägerte Personen. Auch dürfen sie nicht bedacht sein oder zu den Bedachten in dem angegebenen Verhältnisse stehen (§ 2234). Als Gerichtsschreiber oder zweiter Notar oder Zeuge kann bei der Errichtung des Testaments nicht mitwirken, wer zu dem Richter oder beurkundenden Notar in einem obenerwähnten Verhältnisse steht (§ 2236). Die Zeugen sollen auch volljährig, im Besitz der bürgerlichen Ehrenrechte und der Eidesfähigkeit und nicht beim Richter usw. bedienstet sein (§ 2237).

Die Errichtung des Testaments erfolgt in der Weise, daß der Erblasser dem Richter oder dem Notar seinen letzten Willen mündlich erklärt oder eine Schrift mit der mündlichen Erklärung übergibt, daß die Schrift seinen letzten Willen enthalte. Die Schrift kann offen oder verschlossen übergeben werden. Sie kann von dem Erblasser oder von einer anderen Person geschrieben sein.

Wer minderjährig ist oder geschriebenes nicht zu lesen vermag, kann das Testament nur durch mündliche Erklärung errichten (§ 2238).

Die bei der Errichtung des Testaments mitwirkenden Personen müssen während der ganzen Verhandlung zugegen sein (§ 2239).

Über die Errichtung des Testaments muß ein Protokoll in deutscher Sprache aufgenommen werden (§ 2240). Ausnahme, wenn sämtliche mitwirkende Personen der fremden Sprache, in welcher sich der Erblasser nach seiner Erklärung nur verständigen kann, ihrer Versicherung nach mächtig sind (§ 2245).

Das Protokoll muß vorgelesen, von dem Erblasser genehmigt und von ihm eigenhändig unterschrieben werden. Auch die Zeugen müssen es unterschreiben.

Für den Fall, daß der Erblasser nicht schreiben kann, genügt seine bezügliche, in das Protokoll aufzunehmende Erklärung.

Das Protokoll ist zu versiegeln.

Außerordentliche Formen sind:

1. das Dorftestament: zu Protokoll des Gemeinde- oder Gutsvorstehers oder der besonders bestellten Urkundsperson unter Zuziehung von zwei Zeugen. Hier muß jedoch der Testator in einer solchen Lebensgefahr schweben, daß zur Errichtung eines Testaments vor einem Richter oder Notar keine Zeit mehr übrig bleibt. Die Besorgnis ist im Protokoll festzustellen;
2. das Testament vor drei Zeugen an abgesperrten Orten (Seuche, Überschwemmung, Belagerung) und an Bord deutscher Schiffe oder in fremden Häfen;
3. das sog. militärische Testament im Kriege, eigenhändige Nieder- und Unterschrift des letzten Willens oder eine von zwei Zeugen oder einem Offizier (Auditeur) beglaubigte Unterschrift oder protokollarische Erklärung vor solchen Beweiszeugen.

m) Widerruf eines Testaments (§§ 2253 ff.).

Ein Testament, sowie eine einzelne in einem Testament enthaltene Verfügung, kann von dem Erblasser jederzeit und zwar, abgesehen von der Errichtung oder Veränderung der Testamentsurkunde wiederum in den Formen eines Testaments widerrufen werden. Die Entmündigung des Erblassers wegen Geistesschwäche, Verschwendung oder Trunksucht steht dem Widerrufe eines vor der Entmündigung errichteten Testaments nicht entgegen. Ein vor einem Richter, Notar, Gemeinde- oder Gutsvorsteher, oder einer besonders bestellten Urkundsperson errichtetes Testament gilt als widerrufen, wenn die in amtliche Verwahrung genommene Urkunde dem Erblasser zurückgegeben wird. Durch die Errichtung eines Testaments wird ein früheres Testament insoweit aufgehoben, als das spätere Testament mit dem früheren in Widerspruch steht. Wird das spätere Testament widerrufen, so ist das frühere Testament in gleicher Weise wirksam, wie wenn es nicht aufgehoben wäre.

Gemeinschaftliche Testamente können von beiden Eheleuten widerrufen werden. Bei dem einseitigen Widerruf ist auseinander zu halten, ob solche Anordnungen widerrufen werden sollen, welche mit den Verfügungen des anderen Teils in solchem Zusammenhange stehen, daß anzunehmen ist, es würde die eine Verfügung ohne die andere nicht getroffen sein (Korrespektivität) oder nur Anordnungen anderen Inhalts. Im letzteren Fall kann jeder Teil stets einseitig widerrufen. Im ersteren Falle kommt es darauf an, ob der andere Ehegatte noch lebt oder schon tot ist. Lebt der andere Ehegatte noch, so muß der Widerruf zu gerichtlichem oder notariellem Protokoll beurkundet und gegenüber dem anderen Teil erklärt werden (z. B. durch Zustellung durch einen Gerichtsvollzieher). Die Beurkundung erfolgt nicht in Testamentsform sondern in den Formen der Geschäfte unter Lebenden. Ist der andere Ehegatte bereits tot, so ist ein Widerruf des anderen Teils nur dann statthaft, wenn er das ihm im Testament des Verstorbenen zugewendete ausschlägt. Der Überlebende kann aber auch nach der Annahme der Zuwendung seine Verfügung aufheben, wenn der von ihm Bedachte sich einer Verfehlung schuldig macht, die den Überlebenden zur Entziehung des Pflichtteils berechtigt oder doch berechtigen würde, wenn der Bedachte sein Abkömmling wäre. Ist ein pflichtteilsberechtigter Abkömmling der Ehegatten oder eines der Ehegatten bedacht, so ist auch die sog. Enterbung in guter Absicht statthaft.

Teil II.

Dienstanweisung.

Allgemeine Verfügung vom 7. April 1904, — betreffend die Anweisung für die zur Aufnahme von Nottestamenten bestellten besonderen Urkundspersonen vom 15. März 1904.

(JMBl. S. 90 ff)

Nachdem auf Grund des Art. 80 Abs. 2 des Ausführungsgesetzes zum Bürgerlichen Gesetzbuche vom 20. September 1899 (GS. S. 177) für eine größere Anzahl von Gemeinden besondere Urkundspersonen zur Aufnahme von Nottestamenten bestellt worden sind, habe ich im Einverständnisse mit dem Herrn Minister der geistlichen, Unterrichts- und Medizinal-Angelegenheiten, dem Herrn Finanzminister und dem Herrn Minister des Innern für diese Urkundspersonen die nachstehend abgedruckte Anweisung vom 15. März d. J. erlassen, welche hierdurch den Justizbehörden zur Kenntnis gebracht wird.

Berlin, den 7. April 1904.

Der Justizminister.
Schönstedt.

Anweisung

für die zur Aufnahme von Nottestamenten bestellten besonderen Urkundspersonen.

Auf Grund des Artikel 80 Abs. 2 des Ausführungsgesetzes zum Bürgerlichen Gesetzbuche vom 20. September 1899 (GS. S. 177) wird für die zur Aufnahme von Nottestamenten bestellten besonderen Urkundspersonen folgendes bestimmt:

Zuständigkeit.

§ 1.

Die örtliche Zuständigkeit der Urkundsperson erstreckt sich nur auf den in der Bestellungsverfügung bezeichneten Bezirk.[1])

§ 2.

Die sachliche Zuständigkeit der Urkundsperson beschränkt sich auf die Aufnahme von Testamenten (vgl. § 3) in folgenden besonderen Fällen:

---

[1]) Daß der Testator im Bestellungsbezirk wohnt, ist nicht erforderlich. Es genügt sein bloßer Aufenthalt, um die Zuständigkeit der Urkundsperson zur Aufnahme des Nottestaments unter den Voraussetzungen des § 2 zu begründen. Dies folgt aus § 2249 Abs. 1 Satz 1 BGB.

1. wenn bei gewissenhafter Prüfung zu besorgen[2]) ist, daß der Erblasser früher sterben werde, als die Errichtung eines Testaments vor einem Richter oder einem Notar möglich ist (vgl. Abs. 2 und § 13 Nr. 4);
2. wenn der Aufenthaltsort des Erblassers infolge des Ausbruchs einer Krankheit oder infolge sonstiger außerordentlicher Umstände, wie z. B. einer Überschwemmung, dergestalt abgesperrt[3]) ist, daß die Errichtung eines Testaments vor einem Richter oder vor einem Notar nicht möglich oder erheblich erschwert ist.

Ehegatten können vor der Urkundsperson ein gemeinschaftliches[4]) Testament auch dann errichten, wenn die im Abs. 1 Nr. 1 bezeichnete Besorgnis nur bezüglich eines der Ehegatten begründet ist.[5])

---

[2]) Vgl. § 2249 BGB. Die Besorgnis, daß die Errichtung eines Testaments vor einem Richter oder Notar nicht mehr möglich sein werde, muß im Protokolle festgestellt werden (§ 13 Nr. 4 Anw.).

[3]) Die Feststellung der Absperrung und ihres Grundes (Naturereignisse, Krieg, Aufruhr) im Protokoll ist zwar nicht ausdrücklich vorgeschrieben jedoch sehr zu empfehlen.

[4]) Dasselbe kann nach § 2265 BGB. nur von Eheleuten errichtet werden.

[5]) Vgl. § 2266 BGB.

§ 3.

Durch Testament,[6]) d. h. einseitige Verfügung von Todes wegen, kann der Erblasser einen oder mehrere Erben bestimmen; im letzteren Falle die Auseinandersetzung in Ansehung des Nachlasses oder einzelner Nachlaßgegenstände ausschließen oder von der Einhaltung einer Kündigungsfrist abhängig machen[7]) oder für die Aus-

---

[6]) Testament ist gleichbedeutend mit letztwilliger Verfügung (§ 1937 BGB.). Der Erbvertrag fällt nicht unter diesen Begriff, sondern den für Testament und Erbvertrag gemeinsamen Begriff „Verfügung von Todes wegen". Ein Testament ist eine einseitige Verfügung von Todes wegen, gleichviel ob sie eine Erbeseinsetzung, ein bloßes Vermächtnis oder eine andere Anordnung des Erblassers zum Gegenstande hat. Der Erbvertrag ist als Vertrag zweiseitiger Natur, es stehen sich zwei Kontrahenten gegenüber, welche vertragsmäßig Erben einsetzen, Vermächtnisse und Auflagen anordnen (§ 1941 a. a. O.). Erbverträge bedürfen ohne Ausnahme der gerichtlichen oder notariellen Form (§ 2276). Ihre Errichtung sowie Aufhebung im Wege des Nottestaments ist grundsätzlich ausgeschlossen. Dagegen kann ein zwischen Eheleuten geschlossener Erbvertrag auch durch ein gemeinschaftliches Testament der Ehegatten aufgehoben werden. Da für die Auf- bezw. Annahme eines solchen gemeinschaftlichen Testaments in Notfällen die Urkundsperson zuständig ist, so ist die Aufhebung eines Erbvertrages zwischen Ehegatten auf diesem Wege denkbar.

[7]) Vgl. § 2044 BGB.

einanderſetzung Anordnungen[8]) treffen; für den Fall, daß ein Erbe vor oder nach dem Tode des Erblaſſers wegfällt, einen anderen als Erſatzerben[9]) oder nach einem Erben einen anderen als Nacherben[10]) einſetzen; einen Verwandten oder ſeinen Ehegatten von der geſetzlichen Erbfolge ausſchließen[11]) oder ihm den Pflichtteil entziehen[12]); einem anderen ein Vermächtnis[13])

[8]) Vgl. § 2048 BGB. Der Teſtator kann z. B. beſtimmen, daß im Falle der Vor- und Nacherbfolge der zur ferneren Ehe ſchreitende Ehegatte (als Vorerbe) ſich mit den Kindern (als Nacherben) auseinanderſetzt.

[9]) D. i. ein Erbe, den der Erblaſſer für den Fall, daß ein Erbe vor oder nach dem Eintritt des Erbfalls wegfällt, als Erben eingeſetzt hat. Vgl. §§ 2096 ff., 2051 BGB.

[10]) Die Nacherbſchaft ſetzt voraus, daß zunächſt jemand Vorerbe wird. Der Zweck der Einſetzung eines Vorerben iſt die Einſetzung einer Vertrauensperſon (z. B. des Ehegatten) zur Erhaltung des Vermögens bei Unzuverläſſigkeit der nächſten Erben oder Fürſorge für entferntere Nachkommen. Vgl. §§ 2100 ff. BGB.

[11]) Vgl. § 1938 BGB.

[12]) Pflichtteilsberechtigte: die Abkömmlinge, die Eltern und der Ehegatte des Erblaſſers. Pflichtteil = der Hälfte des Wertes des geſetzlichen Erbteils. Vgl. § 2303 BGB.

Die Entziehung oder Schmälerung des Pflichtteils muß unter Angabe von Gründen — in letztwilliger Verfügung — erfolgen. Vgl. § 2336 Abſ. 2 BGB.

[13]) Der Erblaſſer kann einem anderen, ohne ihn als Erben einzuſetzen, einen Vermögensvorteil zuwenden d. i. ein Vermächtnis (§ 1939 BGB.). Von einem Vorausvermächtnis iſt die Rede, wenn das Vermächtnis einem Erben zugewendet iſt (§ 2150 BGB.).

zuwenden; dem Erben oder einem Vermächtnisnehmer eine **Auflage**[14]) machen; ein Testament oder eine einzelne, in einem Testament enthaltene Verfügung **widerrufen**[15]); einen oder mehrere **Testamentsvollstrecker**[16]) ernennen; für ein unter der elterlichen Gewalt des Erblassers stehendes minderjähriges Kind einen **Vormund benennen**[17]) oder eine Person von der Bestellung zum

---

[14]) Der Erblasser kann die Verpflichtung zu einer Leistung auferlegen, ohne einem anderen ein Recht auf sie zuzuwenden (§ 1940 BGB.). Nähere Bestimmungen enthalten §§ 2192 bis 2196 a. a. O.

[15]) Vgl. §§ 2253 ff., §§ 2271 ff. BGB.

[16]) Testamentsvollstrecker sind vom Erblasser zu dem Zwecke ernannte Personen, die letztwilligen Verfügungen des Erblassers auszuführen und bei Mehrheit von Erben auch den Nachlaß auseinanderzusetzen. Vgl. §§ 2197 ff. BGB.

[17]) Der Vater — ebenso die Mutter — kann einen Vormund im Testament nur benennen, wenn ihnen zur Zeit ihres Todes die elterliche Gewalt über das Kind zusteht. Sie haben dieses Recht nicht, wenn sie in den die Person oder in den das Vermögen betreffenden Angelegenheiten nicht zur Vertretung des Kindes berechtigt sind (§ 1777 BGB.).

Durch Anordnung des Vaters oder der Mutter können bestimmte Personen unter derselben Voraussetzung von der Vormundschaft ausgeschlossen werden (§ 1782).

Wer einem Mündel etwas von Todes wegen zuwendet, kann für die Verwaltung des Vormunds im Testament Anordnungen treffen (§ 1803).

Der Vormund kann testamentarisch von gewissen Verpflichtungen befreit werden. S. Vorbemerkung im Muster.

Vormunde für ein solches Kind ausschließen; dem von ihm benannten Vormunde die in den §§ 1852 bis 1854 des Bürgerlichen Gesetzbuchs zugelassenen Befreiungen gewähren; die Einsetzung eines Familienrats[18]) anordnen oder untersagen, Mitglieder oder Ersatzmitglieder für den Familienrat benennen oder eine Familienstiftung[19]), eine sonstige Stiftung oder ein Familienfideikommiß[20]) errichten.

§ 4.

Für die Beurkundung von anderen Rechtsgeschäften als Testamenten,[21]) insbesondere von Kaufverträgen, Gutsüberlassungsverträgen, Schenkungen unter Lebenden und Schuldverschreibungen, ist die Urkundsperson nicht zuständig. Sie hat eine solche Beurkundung daher abzulehnen.

Amtssiegel.

§ 5.

Die Urkundsperson erhält bei der Bestellung ein Amtssiegel, welches den Königlichen Adler mit

[18]) Vgl. §§ 1858 ff., 1905 BGB.

[19]) Vgl. §§ 80 ff. BGB., Art. 86, 87 EG. z. BGB., Art. 1, 3, 4 Ausf. Ges. z. BGB.

[20]) Vgl. Art. 59 EG. z. BGB., §§ 23 ff., 47, 76 ff. II 4. ALR. Ges. v. 15. Febr. 1840.

[21]) Erbverträge dürfen von der Urkundsperson nicht beurkundet werden s. Note 6 zu § 3.

der Umschrift „Urkundsperson für Nottestamente" zeigt.

Das Amtssiegel ist in einer jeden Mißbrauch ausschließenden Weise zu verwahren und nach dem Erlöschen der Bestellung zugleich mit der Bestellungsurkunde an das für den Wohnsitz der Urkundsperson zuständige Amtgericht zurückzugeben

Das Amtssiegel darf nur bei der Aufnahme von Testamenten (§ 21, § 22 Abs. 2), nicht bei sonstigen Geschäften und Schreiben verwendet werden.

Ausschließungsgründe.

§ 6.

Die Urkundsperson ist von der Aufnahme folgender Testamente gesetzlich ausgeschlossen:

1. des Testaments ihrer Ehefrau, auch wenn die Ehe nicht mehr besteht;
2. des Testaments einer Person, mit der sie in gerader Linie oder im zweiten Grade der Seitenlinie verwandt[22]) oder ver-

---

[22]) Personen, deren eine von der anderen abstammt, sind in gerader Linie verwandt (z. B. Eltern, Großeltern und ihre Abkömmlinge). Personen, die nicht in gerader Linie verwandt sind, aber von derselben dritten Person abstammen, sind in der Seitenlinie verwandt (z. B. Geschwister, Vettern, Tanten, Neffen). Der Grad der Verwandtschaft bestimmt sich nach der Zahl der sie vermittelnden Geburten. Ein uneheliches Kind und

schwägert[23]) ist (Eltern, Großeltern, entferntere Voreltern; Kinder, Enkel, entferntere Abkömmlinge; Schwiegereltern und deren Voreltern; Schwiegerkinder; Geschwister; Schwäger); die Schwägerschaft dauert fort, auch wenn die Ehe, durch die sie begründet wurde, durch Tod oder Scheidung aufgelöst ist;

3. eines Testaments, in welchem sie selbst oder eine Person, zu der sie in einem Verhältnisse der unter Nr. 1, 2 bezeichneten Art steht, bedacht[24]) wird.

Im Falle des Abs. 1 Nr. 3 hat die Mitwirkung der Urkundsperson zur Folge, daß die Zuwendung an den Bedachten nichtig[25]) ist.

---

dessen Vater gelten nicht als verwandt (§ 1589 BGB.). Es hat aber im Verhältnisse zur Mutter und zu deren Verwandten die rechtliche Stellung eines ehelichen Kindes (§ 1709).

Unter Nr. 2 fallen nicht Neffen, Nichten, Onkel, Tanten, Vettern, Basen.

[23]) Verschwägert sind die Verwandten eines Ehegatten mit dem anderen Ehegatten. Die Linie und der Grad der Schwägerschaft bestimmen sich nach der Linie und dem Grade der sie vermittelnden Verwandtschaft (§ 1590).

[24]) D. h. mit einer Zuwendung (Erbeinsetzung oder Vermächtnis). Die Ernennung zum Testamentsvollstrecker oder die Benennung als Pfleger oder Vormund steht der Mitwirkung der benannten nicht entgegen.

[25]) Die übrigen testamentarischen Bestimmungen bleiben im Falle der Nr. 3 im Zweifel zu Recht bestehen,

Verfahren.

§ 7.

Die Urkundsperson muß zur Errichtung des Testaments zwei Zeugen zuziehen.[26]) Als Zeugen sind tunlichst vertrauenswürdige Personen zu wählen.

Als Zeuge[27]) darf nicht zugezogen werden:

1. der Ehegatte des Erblassers oder der Urkundsperson, auch wenn die Ehe nicht mehr besteht;

---

§ 2085 BGB., in den Fällen der Nr. 1 u. 2 ist das ganze Testament nichtig.

[26]) Bei Strafe der Nichtigkeit des Testaments im Unterlassungsfalle. Die Zeugen müssen die erforderliche Wahrnehmungsfähigkeit besitzen. Untauglich sind daher Zeugen, welche der Vernunft beraubt, blind, taub oder der deutschen Sprache nicht mächtig sind, es sei denn, daß der Fall des § 2245 BGB. bezw. 20 der Anweisung vorliegt. Als Zeuge ist auch untauglich, wer seine Unterschrift nicht zu schreiben vermag (§ 2242 Abs. 3 BGB.).

[27]) Auch weibliche Personen und Ausländer können als Zeugen zugezogen werden. — Die Zuziehung der in Nr. 1 u. 2 bezeichneten untauglichen Personen begründet Nichtigkeit des ganzen Testaments (s. §§ 2234 bis 2236 BGB.). Die Mitwirkung einer Person, auf welche Nr. 3 zutrifft, hat nur zur Folge, daß die Zuwendung an den Bedachten nichtig ist (§ 2235 Abs. 2 BGB.). Die Zuziehung der in Nr. 4 bis 7 bezeichneten Personen soll nach § 2237 BGB. nicht stattfinden. Es ist dies eine bloße Ordnungsvorschrift, die zwar genau zu beachten ist, deren Übersehen aber die Wirksamkeit des Testaments nicht beeinträchtigt.

2. wer mit dem Erblasser oder der Urkundsperson in gerader Linie oder im zweiten Grade der Seitenlinie verwandt oder verschwägert ist (vgl. § 6 Abs. 1 Nr. 2);
3. wer in dem Testamente bedacht wird oder zu einem Bedachten in einem Verhältnisse der unter Nr. 1, 2 bezeichneten Art steht;
4. ein Minderjähriger;[28])
5. wer der bürgerlichen Ehrenrechte für verlustig erklärt ist,[29]) während der Zeit, für welche die Aberkennung der Ehrenrechte erfolgt ist;
6. wer nach den Vorschriften der Strafgesetze unfähig ist, als Zeuge eidlich vernommen zu werden, d. h. ein wegen Meineids Verurteilter, gegen den in dem Urteile nach § 161 des Strafgesetzbuchs auf die dauernde Unfähigkeit, als Zeuge oder Sachverständiger eidlich vernommen zu werden, erkannt ist;

---

[28]) Dagegen sind andere Personen, welche in der Geschäftsfähigkeit den Minderjährigen gleichgestellt sind (z. B. entmündigte Verschwender) von der Zuziehung nicht unbedingt ausgeschlossen.

[29]) Vgl. §§ 32, 34, 36 Reichs-Strafges.B.

7. wer als Gesinde oder Gehilfe im Dienste der Urkundsperson steht.[30])

§ 8.

Zur Errichtung eines Testaments ist unfähig:

1. wer das sechzehnte Lebensjahr noch nicht vollendet hat;
2. wer sich in einem, die freie Willensbestimmung ausschließenden Zustande krankhafter Störung der Geistestätigkeit befindet;[31])
3. wer entmündigt,[32]) sowie derjenige, gegen welchen die Entmündigung wegen Geistesschwäche, Verschwendung oder Trunksucht auch nur beantragt ist; die Entmündigung schließt jedoch die Gültigkeit des Testaments nicht aus, wenn der sie aussprechende Beschluß zur Zeit der Errichtung des Testaments noch nicht unanfechtbar[33])

---

[30]) Wegen des zwischen ihnen bestehenden Abhängigkeitsverhältnisses. Dagegen kann zwischen den beiden Zeugen ein solches Verhältnis bestehen. Ebenso ist dasselbe statthaft zwischen dem Erblasser und Zeugen.

[31]) Sofern nicht der Zustand seiner Natur nach nur ein vorübergehender ist (§ 104 Nr. 2 BGB.).

[32]) Vgl. § 2229 Abs. 3 Satz 1 BGB.

[33]) Wegen des Zeitpunktes der Unanfechtbarkeit s. §§ 661, 664, 683, 684 CPO.

war und auch bis zum Tode des Erblassers nicht unanfechtbar geworden ist oder wenn die Entmündigung nach der Errichtung des Testaments auf einen vorher gestellten Antrag wieder aufgehoben[34]) wird.

Ergeben sich bei der Verhandlung mit dem Erblasser Zweifel über seine Fähigkeit zur Testamentserrichtung, so ist, wenn der Erblasser nicht von der Errichtung Abstand nimmt, nach § 15 zu verfahren.

§ 9.

Der Erblasser kann ein Testament nur persönlich[35]) errichten.

Die Errichtung erfolgt in der Weise, daß der Erblasser der Urkundsperson entweder

1. seinen letzten Willen mündlich[36]) erklärt oder
2. eine von ihm selbst oder einem anderen

---

[34]) Wegen des Antrags auf Wiederaufhebung s. §§ 675, 679, 685, 686 CPO.

[35]) Vgl. § 2064 BGB. Die Errichtung durch einen Stellvertreter ist ausgeschlossen. Ebenso darf der gesetzliche Vertreter eines Minderjährigen für denselben kein Testament errichten. Dagegen ist es zulässig, sich bei der Testamentserrichtung des Rats und Beistandes eines anderen zu bedienen. Selbst die Urkundsperson darf den Testator belehren.

[36]) Erklärung durch Zeichen und Geberden oder Zeichensprache, selbst unter Zuziehung eines derselben kundigen Dolmetschers ist unzulässig.

geschriebene Schrift offen[37]) oder verschlossen mit der mündlichen Erklärung übergibt, daß die Schrift[38]) seinen letzten Willen enthalte.

Wer minderjährig ist oder infolge von Blindheit oder aus einem anderen Grunde Geschriebenes nicht zu lesen vermag, kann nur durch mündliche Erklärung (Abs. 2 Nr. 1) ein Testament errichten.[39])

Wer nach der Überzeugung[40]) der Urkundsper-

---

[37]) Die Urkundsperson hat im Falle der Übergabe einer offenen Schrift zu erforschen, ob der Erblasser nicht etwa beabsichtigt, einen Entwurf zur Benutzung für die abzugebende mündliche Erklärung (Nr. 1) zu überreichen. Von dem Inhalt einer offen übergebenen Schrift darf keiner der Mitwirkenden ohne Genehmigung des Testators Kenntnis nehmen, wenn sie als letzter Wille gelten soll. Ebensowenig darf sie als solcher vorgelesen werden.

[38]) Diese kann von dem Erblasser selbst oder einem anderen, auch in fremder Sprache, geschrieben sein. Datum, Ort und Unterschrift des Testators ist nicht erforderlich. Der Hinweis auf eine nicht beigefügte Schrift ist aber nicht gestattet.

[39]) Sind die in Rede stehenden Personen — Minderjährige und Geschriebenes zu lesen Unvermögende — auch stumm oder sonst am Sprechen behindert, so sind sie nicht testierfähig, — weil sie sich mündlich nicht erklären und nur in dieser Form bestimmen können.

[40]) Nur die Überzeugung der Urkundsperson ist maßgebend. Wie er sich diese verschafft, bleibt seinem pflichtmäßigen Ermessen überlassen. Von umständlichen Ermittelungen, z. B. Anhörung eines Sachverständigen wird Abstand zu nehmen sein.

son stumm[41]) oder sonst am Sprechen verhindert[42]) ist, kann nur durch Übergabe einer Schrift (Abs. 2 Nr. 2) ein Testament errichten. In diesem Falle sind die Vorschriften des § 18 zu beachten.

§ 10.

Will der Erblasser das Testament durch Übergabe einer Schrift[43]) errichten (§ 9 Abs. 2 Nr. 2), so hat die Urkundsperson, wenn die Schrift offen überreicht wird, zu prüfen,[44]) ob diese etwa ein Rechtsgeschäft enthält, für dessen Beurkundung sie nicht zuständig ist (§ 4). Enthält die Schrift ein solches Rechtsgeschäft, so kann das Testament nicht durch Übergabe dieser Schrift errichtet werden; die Urkundsperson hat die Annahme der Schrift ab-

---

[41]) Stummheit ist ein natürlicher Fehler, welcher dauernd daran hindert, sich durch die Sprachorgane verständlich zu machen.

[42]) z. B. durch Erkrankung der Sprachorgane, Lähmung, Heiserkeit, Schreck, operative Eingriffe, ärztliches Verbot.

[43]) Vorausgesetzt, daß der Erblasser im stande ist, die Schrift zu lesen. Andernfalls kann er nur durch mündliche Erklärung testieren.

[44]) Bei Entgegennahme einer verschlossenen Schrift erstreckt sich hingegen die Prüfungspflicht der Urkundsperson nicht auf deren Inhalt. Da hat sie nur festzustellen, daß der Testator erklärt hat, die verschlossen übergebene Schrift enthalte seinen letzten Willen (§ 13 Nr. 3, § 9 Nr. 2), daß er Geschriebenes lesen könne (§ 9 Abs. 3) und ob und in welcher Höhe ein Stempel zu der Schrift verwendet ist (§ 26).

zulehnen[45]) und dem Erblasser anheimzustellen, ob er das Testament auf andere zulässige Weise errichten will.

§ 11.

Die Urkundsperson und die Zeugen müssen während der ganzen Verhandlung[46]) über die Errichtung des Testaments zugegen sein.

§ 12.

Über die Errichtung des Testaments muß ein Protokoll[47]) in deutscher Sprache[48]) aufge-

---

[45]) Entstehen Zweifel über die Zulässigkeit der Schriftübergabe nach der angedeuteten Richtung, so ist nach § 15 Anweis. zu verfahren.

[46]) Vgl. § 2239 BGB.

Die Verhandlung umfaßt auch die Niederschrift des Protokolls sowie dessen Vorlesung, Genehmigung und Unterzeichnung durch den Erblasser und die Mitwirkenden. Die Anwesenheit der letzteren bei der Versiegelung ist nicht absolut vorgeschrieben. § 2246 enthält nur eine Ordnungsvorschrift. Der Dolmetscher gehört nicht zu den „Mitwirkenden", er braucht nur insoweit anwesend zu sein, als es seine Aufgabe, eine Verständigung mit dem Erblasser herbeizuführen, erfordert.

Da der Erblasser nicht zu den mitwirkenden Personen gehört, steht seiner zeitweiligen Entfernung nichts entgegen. Ebenso kann während der Verhandlung eine Pause zugelassen werden, in welcher auch die Mitwirkenden abtreten können.

[47]) Auch im Falle der Übergabe einer Schrift als letzten Willen muß ein förmliches Protokoll über den Errichtungsakt aufgenommen werden.

[48]) Weil die deutsche Sprache die Gerichtssprache ist. Auch bei dem Dolmetscher-Testament (§ 19) ist das

nommen werden.[49]) Für die Fassung des Protokolls sollen die Anlagen 1 und 2 im allgemeinen als Muster dienen.

Anl. 1 u. 2.

§ 13.

Das Protokoll muß[50]) enthalten:

1. Ort[51]) und Tag[52]) der Verhandlung;
2. die Bezeichnung[53]) des Erblassers, bei gemeinschaftlichen Testamenten (§ 2 Abs. 2) der Erblasser, sowie der Urkundsperson und der Zeugen;[54])

Protokoll in deutscher Sprache abzufassen. Nur in dem einen Falle des § 20 (wo alle Mitwirkenden der fremden Sprache des Erblassers, in welcher er sich nur erklären kann) mächtig sind, ist eine Ausnahme von der Regel zugelassen.

[49]) Wer das Protokoll schreibt, ist gleichgültig. Die Urkundsperson kann das Protokoll selbständig aufnehmen oder einem Zeugen oder einer dritten Person in die Feder diktieren. Die Verantwortung für die ordnungsmäßige Aufnahme trägt die Urkundsperson.

[50]) Vgl. § 2241 BGB. Ein Fehlen nachstehender Erfordernisse des Protokolls zieht die Nichtigkeit nach sich.

[51]) Der Ort ist u. a. für die örtliche Zuständigkeit von Wichtigkeit.

[52]) Die Zeitangabe ist wesentlich für die Geschäftsfähigkeit des Erblassers, für das Verhältnis etwaiger mehrerer Testamente zu einander, für die Dauer seiner Gültigkeit.

[53]) Der Erblasser muß mit Vornamen, Familiennamen, Stand, Beruf, Wohnort so genau bezeichnet sein, daß seine Identität außer Zweifel ist.

[54]) Eine genaue Bezeichnung nach Namen, Stand, Titel, Wohnort ist auch hier erforderlich.

3. die nach § 9 Abs. 2 erforderlichen Erklärungen[55]) des Erblassers und im Falle des § 9 Abs. 2 Nr. 2 auch die Feststellung der Übergabe der Schrift;
4. im Falle des § 2 Abs. 1 Nr. 1 die Feststellung der Besorgnis, daß die Errichtung eines Testaments vor einem Richter oder einem Notar nicht mehr möglich sein werde.

§ 14.

Das Protokoll soll eine Angabe darüber enthalten, ob die Urkundsperson den Erblasser kennt oder, sofern dies nicht der Fall ist, in welcher Weise sie sich Gewißheit über seine Persönlichkeit verschafft hat. Kann sie sich diese Gewißheit nicht verschaffen, wird aber gleichwohl die Aufnahme der Verhandlung verlangt, so sollen der Sachverhalt und dasjenige, was zur Feststellung der Persönlichkeit

---

[55]) Im Falle der mündlichen Erklärung des Testaments (§ 9 Abs. 2 Nr. 1) sind die Erklärungen möglichst der Ausdrucksweise des Erblassers entsprechend aufzunehmen. Im Falle der Übergabe einer Schrift muß die Tatsache der Übergabe derselben und die Erklärung des Erblassers, daß die übergebene Schrift seinen letzten Willen enthalte, festgestellt werden. Daß die übergebene Schrift von dem Erblasser ge- und unterschrieben ist, ist nicht erforderlich und daher nicht festzustellen. Eine Verlesung der übergebenen Schrift darf, wie bereits bemerkt, nicht stattfinden.

beigebracht ist, in das Protokoll aufgenommen werden.[56])

§ 15.

Werden bei der Verhandlung von der Urkundsperson Wahrnehmungen gemacht, welche Zweifel darüber begründen, ob der Erblasser die zur Errichtung des Testaments erforderliche Geschäftsfähigkeit (§ 8) oder Einsicht besitzt, oder bestehen sonstige Zweifel an der Gültigkeit des beabsichtigten Testaments, so sollen[57]) die Zweifel dem Erblasser mitgeteilt und der Inhalt der Mitteilung sowie die von dem Erblasser darauf abgegebenen Erklärungen in dem Protokolle festgestellt werden.

§ 16.

Die Urkundsperson hat den Erblasser darauf hinzuweisen,[58]) daß nach § 2252 Abs. 1, 2 des

[56]) Vgl. § 176 Abs. 3 RG. fr. G. Die Vorschrift des § 14 ist eine Ordnungsvorschrift. Wenn die Urkundsperson den Erblasser nicht selbst kennt, so muß sie sich die Gewißheit über seine Persönlichkeit auf andere Weise zu verschaffen suchen z. B. durch Anerkennungszeugen, als welche ihm auch die mitwirkenden Zeugen dienen können, oder durch Urkunden (z. B. Besitzdokumente), welche der Erblasser vorweist. Daß die Erkennungszeugen die auf sie bezügliche Angabe im Protokoll unterschreiben, ist zwar nicht vorgeschrieben, aber empfehlenswert.

[57]) Ordnungsvorschrift. Vgl. Art. 40 Pr. Ges. fr. G.

[58]) Der Hinweis ist erforderlich, damit der Erblasser nicht etwa in dem Glauben sich befindet, daß das Not-

Bürgerlichen Gesetzbuchs das Testament als nicht errichtet gilt, wenn der Erblasser nach der Errichtung des Testaments noch länger als drei Monate lebt, wobei jedoch die Zeit, während welcher der Erblasser außerstande ist, ein Testament vor einem Richter oder einem Notare zu errichten, in die dreimonatige Frist nicht eingerechnet wird. Im Protokolle soll festgestellt werden, daß der Hinweis erfolgt ist.

§ 17.

Das Protokoll muß vorgelesen,[59]) von dem Erblasser genehmigt[60]) und von ihm eigenhändig unterschrieben[61]) werden. Im Protokolle muß festgestellt werden, daß dies geschehen ist.

---

testament vor der Urkundsperson eine unbegrenzte Dauer hat, er vielmehr belehrt wird, daß er nach Ablauf der drei Monate, wenn er dann noch lebt, ein Testament in ordentlicher Form (vor Richter oder Notar) an Stelle des wirkungslosen Nottestaments erreichen müsse, wenn er dann noch die Absicht hat, zu testieren.

[59]) Vgl. § 2242 BGB. Wer das Protokoll vorliest, ist gleichgültig. Ein Verzicht auf das Vorlesen ist unstatthaft, selbst wenn das Protokoll laut diktiert worden ist.

[60]) Eine besondere Form in der Ausdrucksweise ist für die Genehmigung nicht vorgeschrieben. Bei großer Schwäche des Erblassers kann auch ein zustimmendes Kopfnicken desselben als Genehmigung angesehen werden.

[61]) Kreuze oder andere Handzeichen sind ausgeschlossen. Es ist Namensunterschrift erforderlich. Beifügung des Vornamens ist empfehlenswert. Ein schreibenskundiger blinder Erblasser muß die Unterschrift auch abgeben.

Das Protokoll soll dem Erblasser auf Verlangen auch zur Durchsicht[62]) vorgelegt werden.

Ist der Erblasser taub,[63]) so hat die Vorlegung auch dann zu erfolgen, wenn sie nicht verlangt wird. Kann ein tauber Erblasser Geschriebenes nicht lesen, so soll eine Vertrauensperson[64]) zugezogen werden, die sich mit ihm zu verständigen vermag; ist einer der Zeugen hierzu imstande, so kann er zugleich als Vertrauensperson dienen. In dem Protokolle soll festgestellt werden, daß es dem Erblasser zur Durchsicht vorgelegt ist, oder daß der Erblasser nach der Überzeugung der Urkundsperson die Vertrauensperson verstanden hat. Das Protokoll soll auch von der Vertrauensperson genehmigt und unterschrieben werden.

Erklärt der Erblasser, daß er nicht schreiben könne, so wird seine Unterschrift durch die Fest-

---

[62]) Um dem Erblasser, welcher dem Vorlesen vielleicht nicht genau folgen konnte, Gelegenheit zu geben, den Inhalt in Ruhe durchzulesen.

[63]) Vgl. Art. 41 Pr. Ges. fr. G.

[64]) Die Auswahl derselben steht der Urkundsperson zu, welche über die Qualifikation derselben entscheidet. Es sollen nur zuverlässige Personen zugezogen werden, welche sich mit dem Erblasser zu verständigen vermögen und die Garantie bieten, daß sie richtige Mitteilungen an den Erblasser machen werden. Die Unfähigkeitsgründe des § 7 Abs. 2 finden auf die Urkundsperson keine Anwendung.

stellung dieser Erklärung im Protokoll ersetzt.[65])

Das Protokoll muß von der Urkundsperson und den beiden Zeugen[66]) unterschrieben werden.

§ 18.

Wer nach der Überzeugung der Urkundsperson stumm oder sonst am Sprechen verhindert ist (vgl. § 9 Abs. 4), muß die Erklärung, daß die von ihm übergebene Schrift seinen letzten Willen enthalte, bei der Verhandlung eigenhändig in das Protokoll oder auf ein besonderes Blatt schreiben, das dem Protokoll als Anlage beigefügt werden muß.

In dem Protokolle muß festgestellt[67]) werden, daß der Erblasser nach der Überzeugung der Urkundsperson am Sprechen verhindert ist und daß er die im Abs. 1 bezeichnete Erklärung eigenhändig niedergeschrieben hat. Das Protokoll braucht von dem Erblasser nicht besonders genehmigt zu werden.

§ 19.

Erklärt[68]) der Erblasser, daß er der deutschen Sprache nicht mächtig sei, so muß,

[65]) Die Beifügung von Handzeichen ist überflüssig.

[66]) Zeugen, die ihren Namen nicht schreiben können, dürfen also nicht mitwirken.

[67]) Vgl. § 2243 BGB.

[68]) Vgl. § 2244 BGB. Diese Erklärung ist wesent-

außer im Falle des § 20, die Urkundsperson bei der Errichtung des Testaments neben den Zeugen noch einen vereideten Dolmetscher zuziehen. Die im § 7 Abs. 2 bezeichneten Personen dürfen auch nicht als Dolmetscher zugezogen werden.[69]) Steht ein im allgemeinen beeidigter Dolmetscher nicht zur Verfügung, so ist der Dolmetscher von der Urkundsperson dahin zu beeidigen, daß er treu und gewissenhaft übertragen werde.[70]) Das Protokoll muß in die Sprache, in der sich der Erblasser erklärt, übersetzt werden. Die Übersetzung muß von dem Dolmetscher angefertigt oder beglaubigt und vorgelesen[71]) werden; sie muß dem Protokoll als Anlage beigefügt werden.

Das Protokoll muß die Erklärung des Erblassers, daß er der deutschen Sprache nicht

---

lich; sie kann der Erblasser auf diesfälliges Befragen in jeder beliebigen Form (auch durch Geberden) abgeben.

[69]) Das Testament ist also bei Ehe, naher Verwandtschaft oder Schwägerschaft des Dolmetschers mit dem Erblasser oder der Urkundsperson nichtig. Wirkt ein im Testament Bedachter als Dolmetscher mit, so hat dies die Nichtigkeit der Zuwendung zur Folge. Dagegen kann im Notfalle ein Dolmetscher zugezogen werden, in dessen Person die Hinderungsgründe (§ 7 Nr. 4—7) zutreffen.

[70]) Vgl. § 191 GVG. Verzicht auf Beeidigung unzulässig.

[71]) Abgesehen von der Beglaubigung seitens des Dolmetschers bedarf die Übersetzung keiner Unterzeichnung, insbesondere auch nicht seitens des Erblassers.

mächtig sei, sowie den Namen des Dolmetschers und die Feststellung enthalten, daß der Dolmetscher die Übersetzung angefertigt oder beglaubigt und sie vorgelesen hat.[72]) Der Dolmetscher muß das Protokoll unterschreiben.[73])

§ 20.

Sind die Urkundsperson und die Zeugen ihrer Versicherung nach der Sprache, in der sich der Erblasser erklärt, mächtig,[74]) so ist die Zuziehung eines Dolmetschers nicht erforderlich.[75])

---

[72]) Bei der Vorlesung des Protokolls müssen alle diese wesentlichen Angaben vorgelesen werden.

[73]) Gegen die Vorschriften Abs. 1 u. 2 darf bei Strafe der Nichtigkeit nicht verstoßen werden. Das in deutscher Sprache abgefaßte Protokoll ist selbstverständlich vorzulesen, obschon der Erblasser seinen Inhalt nicht versteht.

Die Unterschrift des Dolmetschers gehört zwischen die Unterschrift des Erblassers und die der mitwirkenden Personen, in deren Gegenwart sie abzugeben ist.

[74]) Vgl. § 2245 BGB. Die Versicherung ist wesentlich. Die Urkundsperson muß des Lesens und Schreibens in der fremden Sprache kundig sein, während für die Zeugen genügt, daß sie dieselbe mündlich beherrschen.

[75]) Aus dieser Fassung ergibt sich, daß es, selbst wenn der Erblasser und die mitwirkenden Personen sämtlich der fremden Sprache mächtig sind, dem Ermessen der Urkundsperson überlassen ist, ob sie nicht dennoch einen Dolmetscher zuziehen und nach § 19 Anweis. verfahren will. Der Erblasser hat keinen Anspruch darauf, daß ohne Dolmetscher im Falle des § 20 verhandelt wird.

Unterbleibt die Zuziehung eines Dolmetschers, so muß[76]) das Protokoll in der fremden Sprache aufgenommen werden und die Erklärung des Erblassers, daß er der deutschen Sprache nicht mächtig sei, sowie die Versicherung der Urkundsperson und der Zeugen, daß sie der fremden Sprache mächtig seien, enthalten. Eine deutsche Übersetzung[77]) soll[78]) als Anlage beigefügt werden.[79])

§ 21.[80])

Die Urkundsperson hat das aufgenommene und unterschriebene Protokoll mit dem Amtssiegel[81]) zu verschließen, mit einer das Testament näher bezeichnenden Aufschrift zu versehen

[76]) Bei Strafe der Nichtigkeit.

[77]) Diese bedarf weder der Beglaubigung noch Vorlesung. Es ist gleichgültig, wer sie anfertigt.

[78]) Ordnungsvorschrift.

[79]) Die Anlage ist mit dem Protokoll einzusiegeln. Vgl. § 21 Anw.

[80]) Vgl. den entsprechenden § 2246 BGB., welcher nur Ordnungsvorschriften enthält.

[81]) Ein Farb- oder Trockenstempelabdruck oder eine Siegelmarke genügt nicht. Es ist der Eindruck des Amtssiegels (§ 5) in einen besonderen mit der Urkunde zu verbindenden nachgiebigen Stoff (am besten Siegellack) erforderlich. Vgl. Allgem. Verf. des Just.Min. vom 24. Jan. und 6. April 1900 (JMBl. S. 45, 297). Die Zahl der Siegel ist nicht vorgeschrieben. Auf Wunsch ist dem Erblasser zu gestatten, sein Privatsiegel beizufügen.

und die Aufschrift zu unterschreiben.[82]) Hierbei müssen der Erblasser,[83]) die Zeugen und, wenn eine Vertrauensperson (§ 17 Abs. 3) oder ein Dolmetscher (§ 19) zugezogen ist, auch diese Personen zugegen sein. Die Anlagen[84]) des Protokolls, insbesondere im Falle des § 9 Abs. 2 Nr. 2 die von dem Erblasser übergebene Schrift, sind mitzuverschließen.

Nach der Verschließung hat die Urkundsperson einen Vermerk über die Errichtung des Testaments nach dem in der Anlage 3 enthaltenen Muster aufzunehmen.

§ 22.

Das nach § 21 Abs. 1 verschlossene Protokoll hat die Urkundsperson unverzüglich zur amtlichen Verwahrung an das für den Aufenthaltsort des Erblassers zuständige Amtsgericht, wenn der Erblasser aber die Verwahrung bei einem anderen

---

[82]) Die Aufschrift, welche möglichst kurz zu fassen ist, mindestens aber die Person des Erblassers und Ort und Datum der Testamentserrichtung anzugeben hat (s. amtl. Muster 3), braucht nur von der Urkundsperson — nicht auch von den Zeugen — unter Angabe ihres Amtscharakters unterschrieben zu sein.

[83]) Ist derselbe nach Abschluß des Protokolls verstorben, so ist das Testament gleichwohl zu versiegeln und zur gerichtlichen Verwahrung zu übersenden.

[84]) Als solche kommen nur die Übersetzungen des Protokolls in die fremde oder deutsche Sprache oder die eigenhändige Niederschrift eines Stummen in Betracht.

preußischen Amtsgerichte verlangt, an dieses Gericht abzuliefern.

Die Ablieferung kann von der Urkundsperson persönlich[85]) oder durch die Post[86]) bewirkt werden. In letzterem Falle ist die Postsendung mit der Bezeichnung „Einschreiben" zu versehen.

Der nach § 21 Abs. 2 aufgenommene Vermerk ist dem Amtsgerichte miteinzureichen. Der Urkundsperson ist eine Empfangsbescheinigung zu erteilen.

Gebühren und Auslagen.

§ 23.

An Gebühren[87]) erhält die Urkundsperson für die Errichtung eines Testaments bei einem Werte des Nachlasses

bis 3 000	Mark	einschließlich . .	2 Mark,
„ 10 000	„	„ . .	5 „
über 10 000	„	. . . .	8 „

---

[85]) Eine Vergütung an Auslagen (Reisekosten) und Versäumniskosten erhält die Urkundsperson im Falle der persönlichen Ablieferung nicht.

[86]) Die Postgebühren können nach § 24 als bare Auslage vom Erblasser gefordert werden.

[87]) Eine Gebührenüberhebung ist nach § 352 Reichsstrafges.B. strafbar (Geldstrafe bis zu 300 M. oder Gefängnis bis zu 1 Jahr). Auch der Versuch ist strafbar. Die Gebühren und Auslagen sind erst nach beendetem Geschäft fällig. Ein Vorschuß darf nicht gefordert werden.

Als Wert[88]) des Nachlasses ist der Wert des gegenwärtigen Vermögens des Erblassers nach Abzug der Schulden anzusehen. Wird nicht über den ganzen Nachlaß verfügt, so ist für die Gebührenberechnung der Wert des Gegenstandes, über den verfügt wird, maßgebend.

§ 24.

An baren Auslagen[89]) werden vergütet:

1. die Postgebühren (§ 22 Abs. 2);
2. die an die Zeugen[90]) gezahlten Gebühren; jedem Zeugen kann auf Verlangen für jede angefangene Stunde ein Betrag bis zu 50 Pfennig gezahlt werden.

§ 25.

Die Urkundsperson hat die Gebühren und Auslagen von dem Erblasser zu erheben.[91])

---

[88]) Diesen gibt in der Regel der Erblasser an. Der Wert ist in dem Vermerk (Muster 3), nicht im Protokoll anzugeben.

[89]) Anderweitige Auslagen (z. B. für Tinte, Schreibpapier, Siegellack) werden nicht vergütet. Siehe auch Anm. 85.

[90]) Dazu gehören nicht der Dolmetscher und die Vertrauensperson (§ 17 Nr. 3). Der Erblasser kann diesen aber aus freien Stücken eine Vergütung geben.

[91]) Werden die Gebühren und Auslagen freiwillig nicht gezahlt, so bleibt nur der Klageweg übrig. Die Beitreibung im Wege des Verwaltungszwangsverfahrens ist ausgeschlossen.

Stempel.

§ 26.

Die Testamente erfordern nach den Tarifstellen 65, 66 des Stempelsteuergesetzes vom 31. Juli 1895 einen Stempel von 1,50 ℳ., es sei denn, daß das Testament sich nur auf bestimmte Vermögensstücke bezieht, deren Wert 150 ℳ. nicht übersteigt, und daß dies aus dem Testamente hervorgeht. Gemeinschaftliche Testamente von Ehegatten unterliegen dem doppelten Stempel, sind also mit 3 ℳ. zu versteuern.

Der zu dem Testament erforderliche Stempel kann[92]) von der Urkundsperson zu der Urkunde

[92]) Eine Verpflichtung zur Verwendung des Stempels hat die Urkundsperson nicht. In der Regel wird letztere beim Mangel von Stempelbogen oder Stempelmarken von der Verwendung absehen müssen.

Für den Fall, daß Stempelverwendung erfolgt, sei noch Folgendes aus den Stempelvorschriften erwähnt:

Errichtet der Erblasser ein Testament durch Übergabe einer verschlossenen Schrift, so hat die Urkundsperson ihn zu befragen, ob und in welcher Höhe der Erblasser einen Stempel verwendet hat. Überreicht der Erblasser eine offene Schrift als seinen letzten Willen, so hat die Urkundsperson zu prüfen, ob und in welcher Höhe ein Stempel verwendet ist.

Das Ergebnis der vorerwähnten Feststellungen ist von der Urkundsperson in dem Vermerk über die Errichtung des Testaments (§ 21 Abs. 2) anzugeben.

Verwendet die Urkundsperson den zum Testament erforderlichen Stempel, so wird das Protokoll entweder verwendet werden; in diesem Falle sind die Vorschriften in Nr. 15A der Bekanntmachung vom

---

auf einen Stempelbogen niedergeschrieben, oder es werden zu dem Protokoll Stempelmarken in der vorgeschriebenen Weise kassiert. Will sich die Urkundsperson der Stempelverwendung nicht unterziehen, so kann die Liquidation des Stempels dem Gericht überlassen werden. Es ist aber zu beachten, daß das ungestempelte Testament innerhalb 14 Tagen dem Gericht eingereicht wird.

Soweit die stempelpflichtigen Erklärungen auf ganzen Stempelbogen niedergeschrieben werden, bedarf es einer Entwertung der Bogen nicht. Dagegen ist bei der Entwertung von Stempelmarken Folgendes zu beachten: die Marken sind links auf der ersten Seite und wenn diese nicht den genügenden Raum gewährt, auf den nächstfolgenden Seiten der Urkunde fest und sorgfältig aufzukleben.

Die auf die Marken zu setzenden Entwertungsvermerke müssen in allen Fällen mit haltbarer Tinte in deutlichen Schriftzeichen (Buchstaben und Ziffern) ohne jede Rasur, Durchstreichung oder Überschrift geschrieben sein; insbesondere muß der Name deutlich und lesbar sein. Müssen mehrere Marken auf die stempelpflichtige Erklärung aufgeklebt werden, so hat das Aufkleben der Marken in der Weise zu erfolgen, daß zwischen den neben einander befestigten Marken ein geringer Zwischenraum bestehen bleibt, um das Übergreifen der Entwertungsvermerke auf das Papier zu gestatten.

Die Entwertung der Marken, und zwar jeder einzelnen, erfolgt durch die Urkundsperson durch Vermerk des Datums der Verwendung (in Ziffern) und des Orts, an welchem die Verwendung erfolgt ist und zwar in dem unteren Teile der Marke dergestalt, daß das Datum stets in die Marke selbst einzutragen ist,

$\frac{\text{13. Februar 1896}}{\text{28. August 1900}}$, betreffend die Ausführung des Stempelsteuergesetzes, zu *beachten*. Die Verwen-

während der übrige Teil des Vermerks (also der geschriebene Ortsname) auf das die Marke *seitwärts* umgebende Papier *hinübergreift*. In dem *unteren* Teil der Marke hat die Urkundsperson ihren *ausgeschriebenen Namen* in der Weise zu schreiben, daß die Schrift nach *beiden* Seiten auf das die Marke *umgebende Papier hinübergreift*. Außerdem hat die Urkundsperson die aufgeklebten Marken jedesmal mit einem schwarzen oder farbigen Abdruck seines *Stempels* dergestalt zu versehen, daß der Abdruck teils auf dem oberen, mit dem Entwertungsvermerke nicht versehenen Teile der Marke (ohne die vorgedachten Schriftzeichen zu bedecken), teils auf dem die Marke umgebenden Papier zu stehen kommt.

Beispiel der Stempelverwendung.

dung des Stempels kann entweder dadurch geschehen, daß das Protokoll auf einen Stempelbogen geschrieben wird, oder dadurch, daß zu dem Protokolle Stempelmarken in vorgeschriebener Weise entwertet werden.

Falls das Testament innerhalb 14 Tagen nach der Errichtung dem Amtsgericht eingereicht wird, kann die Urkundsperson von der Verwendung des Stempels absehen; in diesem Falle wird der Stempel vom Gerichte nach den für Gerichtsgebühren geltenden Vorschriften eingezogen.

Ist in dem Testament eine Fideikommiß- oder Familienstiftung enthalten, so unterliegen diese einem Wertstempel von 3 vom Hundert. Dieser Stempel braucht indessen erst binnen 6 Monaten nach dem Todesfalle beigebracht zu werden, und es hat die Urkundsperson für die Verwendung dieses Stempels nicht zu sorgen.

Berlin, den 15. März 1904.

Der Justizminister.
Schönstedt.

Anlage 1.

Muster

zu einem Protokoll über die Errichtung eines Testaments durch mündliche[1] Erklärung

(§ 9 Abs. 2 Nr. 1 der Anweisung).

Gegenwärtig:
1. Krüger, Lehrer und Urkundsperson für Nottestamente;
2. Müller, Kaufmann
3. Lehmann, Bauer

} als Zeugen.

Willschau, den 12. Januar 1904, nachmittags 5 Uhr.[2]

Auf Antrag des hier wohnhaften Bauern Friedrich Scholz hatte sich der unterzeichnete, zur Urkundsperson für Nottestamente bestellte Lehrer Franz Krüger unter Zuziehung der ihm bekannten Zeugen[3] Kaufmann Karl Müller und Bauer Theodor Lehmann, sämtlich von hier, heute in die Scholzsche Wohnung begeben.

Sie fanden dort den Bauern Friedrich Scholz, welcher der Urkundsperson bekannt[4] ist, krank und im Bette liegend vor. Nach dem Zustande des Scholz erschien die Besorgnis begründet, daß ihm die Errichtung eines Testaments vor einem Richter oder einem Notar nicht mehr möglich sein werde.[5]

---

[1]) Die mündliche Erklärung ist absolut notwendig, wenn der Testator minderjährig ist oder Geschriebenes nicht zu lesen vermag (§ 9 Abs. 3 Anweis.).

[2]) Die Angabe der Stunde ist zwar nicht vorgeschrieben, aber empfehlenswert.

[3]) Siehe §§ 7, 11, 13 Nr. 2 Anweis.

[4]) Siehe § 14 Anweis.

[5]) Siehe § 2 Nr. 1, § 13 Nr. 4 Anweis.

Friedrich Scholz wiederholte sein Gesuch um Aufnahme seines Testaments und erklärte hierauf der Urkundsperson und den Zeugen mündlich seinen letzten Willen, wie folgt:

I. Ich setze als meine Erben ein:

1. meine Ehefrau Marie, geborene Kranz,
2. meine Tochter Luise, Ehefrau des Kaufmanns Heinrich Bähr in Bergwitz,
3. meinen Sohn Karl,

und zwar zu gleichen Teilen.

II. Meinem Sohne Emil, zur Zeit in Liebstadt wohnhaft, entziehe[1]) ich den Pflichtteil, weil er meine Frau, seine Mutter, vorsätzlich körperlich mißhandelt hat.

III. Bei der Auseinandersetzung soll meine Tochter Luise verpflichtet sein, die ihr gegebene Ausstattung von 2000 (zweitausend) Mark zur Ausgleichung[2]) zu bringen.

IV. Ich vermache[3]) meiner Nichte, der Frau Schuhmachermeister Anna Friese, geborenen Scholz, in Wessig, die Summe von 200 (zweihundert) Mark.

Weiter habe ich nichts zu verordnen.

---

[1]) Siehe §§ 2333 ff. BGB. u. S. 53 ff.
[2]) Vgl. §§ 2050, 1624 BGB. u. S. 26 ff. 51.
[3]) Vgl. §§ 1939 ff. BGB. u. S. 41 ff.

Dem Erblasser wurden die Vorschriften des § 2252 Abs. 1, 2 des Bürgerlichen Gesetzbuchs bekannt gemacht.[1])

Das Protokoll ist vorgelesen, auch dem Erblasser zur Durchsicht vorgelegt, von ihm genehmigt und, wie folgt, von ihm eigenhändig unterschrieben worden.[2])

Friedrich Scholz.

Krüger. Müller. Lehmann.

---

[1]) Siehe § 16 Anweis.

[2]) Siehe § 17 Anweis. u. § 2242 BGB. Die Einhaltung der dort gegebenen Formvorschriften kann, wie das Urteil des Reichsgerichts vom 18. 2. 1904 IV 308/03 ausführt, nur durch das Protokoll über die Testamentserrichtung nachgewiesen werden. Erklärt der Erblasser, daß er nicht schreiben könne, so müßte der Schluß des Protokolls (hinter den Worten „bekannt gemacht") lauten: Der Erblasser erklärte, daß er nicht schreiben könne.

Muster

Anlage 2.

zu einem Protokoll über die Errichtung eines Testaments durch Übergabe[1]) einer Schrift

(§ 9 Abs. 2 Nr. 2 der Anweisung).

Gegenwärtig:

1. Krüger, Lehrer und Urkundsperson für Nottestamente;
2. Müller, Kaufmann
3. Lehmann, Bauer

(2. und 3.) als Zeugen.

Willschau, den 5. April 1904, nachmittags 4 Uhr.[2])

Auf Antrag des hier wohnhaften Bauern Friedrich Scholz hatte sich der unterzeichnete, zur Urkundsperson bestellte Lehrer Franz Krüger unter Zuziehung der ihm bekannten Zeugen[3]) Kaufmann Karl Müller und Bauer Theodor Lehmann, sämtlich von hier, heute in die Scholzsche Wohnung begeben. Sie fanden dort vor:

1. den Bauern Friedrich Scholz,
2. dessen Ehefrau Marie, geborene Kranz.

Beide sind der Urkundsperson bekannt.[4]) Die Ehefrau Scholz lag schwer krank im Bette. Es erschien danach die Besorgnis begründet, daß ihr die Errichtung eines Testaments vor einem Richter oder einem Notar nicht mehr möglich sein werde.[5])

Die Scholzschen Eheleute baten um Annahme ihres gemeinschaftlichen Testaments.

---

[1]) Wer minderjährig ist oder Geschriebenes nicht zu lesen vermag, kann ein Testament durch „Übergabe einer Schrift“ nicht errichten (§ 9 Abs. 3 Anweis.). Dagegen müssen sich dieser Errichtungsform stumme oder sonst am Sprechen verhinderte Personen bedienen. Siehe das. Abs. 4.

[2]) [3]) [4]) [5]) Siehe Anm. bei Muster Anlage 1.

Sie übergaben[6]) hierauf der Urkundsperson einen mit zwei Siegelabdrücken verschlossenen[7]) Umschlag, welcher mit folgender Aufschrift versehen war:

Gemeinschaftliches Testament der Bauer Friedrich Scholzschen Eheleute

und erklärten: Die in diesem Umschlage befindliche Schrift enthält unseren letzten Willen, nämlich unser gemeinschaftliches Testament.

Die Urkundsperson machte den Scholzschen Eheleuten die Vorschriften des § 2252 Abs. 1, 2 des Bürgerlichen Gesetzbuchs bekannt.[8])

Die Ehefrau Marie Scholz erklärte, daß sie nicht schreiben könne.[9])

Das Protokoll ist vorgelesen, von den Erblassern genehmigt und von dem Bauern Friedrich Scholz, wie folgt, eigenhändig unterschrieben worden.

Friedrich Scholz.

Krüger. Müller. Lehmann.

---

[6]) Siehe § 13 Nr. 3 Anweis.

[7]) Offene Übergabe ist auch zulässig (§ 9 Abs. 2 Nr. 2 Anweis.). [8]) Siehe § 16 Anw. u. § 2249 Abs. 2 BGB.

[9]) Siehe § 17 Abs. 4 Anweis. u. § 2242 Abs. 2 BGB. Die Erklärung des Erblassers, nicht schreiben zu können, muß, wie auch das Reichsgericht im Urt. v. 7. 1. 04 IV 251/03 ausführt, im Protokoll festgestellt worden. Anderenfalls ist das Testament gemäß § 125 BGB. nichtig.

Muster **Anlage 3.**

für einen Vermerk über die Errichtung eines Testaments vor der Urkundsperson
(§ 21 Abs. 2 der Anweisung).

Urschriftlich nebst Anlage[1]) an das Königliche Amtsgericht in

....

zur amtlichen Verwahrung des Testaments.

Willschau, den 6. April 1904.

Krüger.

Willschau, den 5. April 1904.

Vor der unterzeichneten Urkundsperson ist heute von dem Bauern Friedrich Scholz und seiner Ehefrau Marie, geborenen Kranz, wohnhaft in Willschau, in ihrer Wohnung durch Übergabe einer Schrift ein gemeinschaftliches Testament errichtet worden.

Das hierüber aufgenommene Protokoll ist nebst der übergebenen Schrift von der Urkundsperson in Gegenwart der zugezogenen Zeugen und der Erblasser mit dem Amtssiegel zweimal verschlossen[2]) und mit folgender Aufschrift versehen worden:

Gemeinschaftliches Testament des Bauern Friedrich Scholz und seiner Ehefrau Marie, geborenen Kranz, in Willschau.

Willschau, den 5. April 1904.

Lehrer Krüger als Urkundsperson.

Der Wert[3]) des Gegenstandes des Testaments ist auf 9 000 Mark angegeben worden.

Zu dem Testament ist ein Stempel[4]) nicht verbraucht.

Krüger, Lehrer.

---

[1]) Siehe § 22 Anweis.
[2]) Siehe § 21 Anweis. u. § 2246 BGB.
[3]) Siehe § 23 Abs. 2 Anweis. [4]) Siehe § 26 Anweis.

Teil III.

Muster für die wichtigsten Fälle bei Errichtung von Testamenten.

1.

Muster eines Testaments mit verschiedenartigem Inhalt.

Gegenwärtig:

1. Pohl, Lehrer und Urkundsperson für Nottestamente;
2. Neumann, Gastwirt;
3. Weber, Fleischermeister.

(2. und 3.) als Zeugen.

Schönwalde, den 21. Okt. 1904, nachmittags 3 Uhr.

Auf Antrag des hier wohnhaften Maurer- und Zimmermeisters Paul Schwanke hatte sich der unterzeichnete zur Urkundsperson für Nottestamente bestellte Lehrer Hans Pohl unter Zuziehung der ihm bekannten Zeugen Gastwirt Leo Neumann und Fleischermeister Adolf Weber, sämtlich von hier, heute in die Schwankesche Wohnung begeben.

Sie fanden dort den ihnen von Person bekannten Maurer- und Zimmermeister Paul Schwanke, welcher sich durch einen Sturz von einem Neubau lebensgefährlich verletzt hatte, krank und im Bette liegend vor.

Es erschien die Besorgnis begründet, daß ihm die Errichtung eines Testaments vor einem Richter oder Notar nicht mehr möglich sein werde.

Schwanke bat um Aufnahme seines Testaments und erklärte seinen letzten Willen, wie folgt:

Erbeinsetzung.

Zu meinen Erben ernenne ich:

1. meine Ehefrau Anna geb. Sonntag,
2. meine Kinder:
   a) Otto,
   b) Emil,
   c) Agnes, Ehefrau des Kaufmanns Ernst Fromme in Polsnitz,
   d) Fanny, noch minderjährig.
3. Die Kinder meiner vorverstorbenen Tochter Erna, Ehefrau des Photographen Karl Eitner in Leba:
   a) Erich } minderjährig.
   b) Leo }

Nacherbe und Ersatzerbe.

Als Nacherben meines Sohnes Otto berufe ich seine Abkömmlinge mit der Maßgabe, daß sie nur auf dasjenige eingesetzt sein sollen, was von der Erbschaft bei dem Eintritt der Nacherbfolge noch übrig sein wird. Sollte Otto vor mir versterben oder die Erbschaft ausschlagen, so sollen seine Abkömmlinge als Ersatzerben an seine Stelle treten.

Anordnung über die Auseinandersetzung.

Bei der Erbteilung soll berechtigt sein:

1. meine Ehefrau mein Gartengrundstück, Schönwalde Nr. 45, für den Erwerbswert,
2. mein Sohn Otto mein Ziegeleigrundstück nebst der Ziegelei, Liebau

Nr. 100, für den Ertragswert zu übernehmen.

Ausgleichungspflicht (Kollation). Meinem Sohne Emil habe ich zur Einrichtung eines kaufmännischen Geschäfts 5000 M. gegeben und für ihn 1000 M. Schulden bezahlt, wobei ich ihm erklärte, daß er sich die Zahlung auf sein Erbteil anzurechnen habe. Er hat diese zur Ausgleichung zu bringen.

Meine verheiratete Tochter Agnes Fromme hat die ihr gegebene Ausstattung im Werte von 4000 M. bei der Teilung sich ebenfalls auf ihr Erbteil anrechnen zu lassen.

Pflichtteil. Meinen Sohn Arthur, welcher sich ins Ausland begeben hat und nichts von sich hören läßt, setze ich auf den Pflichtteil. Derselbe unterliegt den unten angegebenen Beschränkungen.

Entziehung des Pflichtteils (Enterbung). Meinem Sohn Franz entziehe ich den Pflichtteil. Er hat sich einer vorsätzlichen schweren körperlichen Mißhandlung meiner genannten Ehefrau schuldig gemacht, indem er sie in Gegenwart meines Kutschers Otto Freund mit einer Kartoffelhacke auf den Kopf geschlagen hat.

Vermächtnisse. Meiner Ehefrau vermache ich sämtliches Leinenzeug, Betten, Wäsche und Möbel und meinem Sohne Otto meine Violine nebst den dazu gehörigen Musikalien im voraus.

Meinem Neffen stud. med. Heinrich Obst in Raten vermache ich 1000 Mark, zahlbar drei Monate nach meinem Tode.

Meine Nichte, Hedwig Obst in Raten erhält aus meinem Nachlasse 1 Dutzend silberne Eßlöffel und 1 Dutzend silberne Messer und Gabeln.

Dem hiesigen Ortsarmenverbande vermache ich 100 M., zahlbar 3 Monate nach meinem Tode.

Mein Kutscher Otto Freund erhält meinen Reisepelz.

Vorbehaltsgut.

Was meine Tochter Agnes Fromme von mir erbt, soll Vorbehaltsgut sein.

Freies Vermögen mit Pflegschaft.

Die Erbteile meiner beiden Enkel: Erich und Leo Eitner sollen zu dem freien Vermögen gehören. Sie sollen der Nutznießung und Verwaltung ihres Vaters, des Photographen Karl Eitner entzogen sein. Zum Pfleger des Vermögens benenne ich den Oberförster Ernst Waldmeister in Schönwalde und befreie ihn in jeder nach § 1917 BGB. zulässigen Weise. Ein Gegenvormund soll nicht bestellt werden.

Beistandsbenennung.

Zum Beistande meiner Ehefrau bei Ausübung der elterlichen Gewalt über meine minderjährige Tochter Fanny in allen ihre Person und ihr Vermögen betreffenden Angelegenheiten benenne ich den Gutsbesitzer Otto Weinert in Schönwalde.

Vormundsbenennung.

Sollte der Bevormundungsfall meiner Tochter Fanny eintreten, so berufe ich meinen Bruder, den Mühlenbesitzer Hugo Schwanke in Dombrau zum Vormund und befreie ihn von der Verpflichtung, während der Dauer seines Amtes als Vormund Rechnung zu legen, sowie von der Verpflichtung, Inhaber- und Ordrepapiere zu hinterlegen. Die Bestellung eines Gegenvormundes schließe ich aus.

Testamentsvollstrecker.

Zum Testamentsvollstrecker ernenne ich den Oberlehrer Fritz Sternberg in Rautenstädt. Derselbe ist ermächtigt, sich einen Nachfolger zu ernennen. Im Falle des Wegfalls des von mir ernannten Testamentsvollstreckers oder dessen Nachfolgers, ersuche ich das Nachlaßgericht einen Testamentsvollstrecker, möglichst aus der Reihe meiner Verwandten, zu ernennen. Der von mir ernannte Testamentsvollstrecker Sternberg soll in der Eingehung von Verbindlichkeiten für den Nachlaß nicht beschränkt sein. Der Testamentsvollstrecker erhält außer der Erstattung seiner notwendigen Auslagen für seine Mühewaltung eine Vergütung von 500 M.

Mein Sohn Arthur hat sich in solchem Maße der Verschwendung ergeben, und ist in solchem Maße überschuldet, daß sein späterer Erwerb erheblich gefährdet wird. Ich beschränke daher sein Pflichtteilsrecht dadurch, daß nach seinem Tode dessen gesetzliche Erben den ihm gebührenden Pflichtteil als Nacherben nach Verhältnis ihrer Erbteile erhalten; auch übertrage ich für seine Lebenszeit die Verwaltung des Pflichtteils dem genannten Testamentsvollstrecker ev. dem von ihm zu wählenden Substituten bez. dem vom Nachlaßgericht zu erwählenden Testamentsvollstrecker. Für die Führung des Amts erhält der Testamentsvollstrecker jährlich 50 M. Vergütung.

Dem Erblasser wurden die Vorschriften des § 2252 Abs. 1 u. 2 BGB. bekannt gemacht.

Vorstehendes Protokoll wurde vorgelesen, von dem Erblasser genehmigt und von ihm, wie folgt, eigenhändig unterschrieben.

Paul Schwanke.

Pohl. Neumann. Weber.

2.

Muster eines anderen Testaments (Teilungsanordnung, Altenteil, Landgutsübernahme).

Gegenwärtig:
1. Pohl, Lehrer und Urkundsperson für Nottestamente;
2. Neumann, Gastwirt,
3. Weber, Fleischermeister
} als Zeugen.

Schönwalde, den 11. Nov. 1904, nachmittags 4 Uhr.

Auf Antrag des hier wohnhaften Bauerngutsbesitzers Erich Drescher hatte sich der unterzeichnete, zur Urkundsperson für Nottestamente bestellte Lehrer Hans Pohl unter Zuziehung der ihm bekannten Zeugen Gastwirt Leo Neumann und Fleischermeister Adolf Weber, sämtlich von hier, heut in die Drescher'sche Wohnung begeben. Sie fanden dort den ihnen von Person bekannten Bauerngutsbesitzer Erich Drescher krank und im Bette liegend vor. Nach dem Zustande des Drescher erschien die Besorgnis begründet, daß ihm die Errichtung eines Testaments vor einem Richter oder einem Notar nicht mehr möglich sein werde.

Erich Drescher wiederholte sein Gesuch um Aufnahme seines Testaments und erklärte hierauf der Urkundsperson und den Zeugen mündlich seinen letzten Willen, wie folgt:

Zu meinen Erben ernenne ich: a) meine Ehefrau Fanny geborene Drescher, b) meine drei mit ihr erzeugten Kinder Otto, Karl und Max. Mein Sohn Otto soll mein Landgut Heinrichswalde Nr. 214 zum Übernahmepreise von 30 000 M. eigentümlich erhalten. Mit übereignet soll das gesamte tote und lebende Wirtschaftsinventar sein.

In Anrechnung auf den Annahmepreis übernimmt mein Sohn Otto die auf dem erwähnten Landgut haftenden Schulden, nämlich:

1. Abth. III Nr. 4 für Louis Heimann 5 000 M.
2. Abth III Nr. 5 f. d. Obertaler Hülfskasse 9 000 M.

beide zu 5% verzinslich — mit allen bei meinem Tode rückständigen Zinsen als Alleinschuldner und verpflichtet sich, binnen Jahresfrist den Miterben eine Erklärung der Gläubiger zu beschaffen, wonach sie aus der Haftverbindlichkeit entlassen werden.

Der Restannahmepreis von 16 000 M. soll an meine beiden Söhne Karl und Max, nach 6 monatlicher Kündigung zu gleichen Anteilen mit 5% verzinslich seit meinem Todestage, als ihnen überwiesenes Vatererbe, gezahlt und durch Eintragung im Grundbuche meines Landguts sichergestellt werden.

Meiner Ehefrau Fanny geb. Drescher hat mein Sohn Otto neben dem Annahmepreise nachstehendes Altenteil zu gewähren:

auf Lebenszeit:
1. freie abgesonderte Wohnung in den beiden Stuben rechts vom Eingange nebst darunter liegendem Keller und darüber befindlichem Bodenraum,
2. einen Stall zur ausschließlichen Aufbewahrung von Holz und Kohle, sowie je ein Ställchen für ein Schwein und fünf Hühner,
3. das 10 ar große Gärtchen an der Ausgedingerwohnung,
4. die Befugnis:
   a) nach Belieben auf dem Gehöfte und auf dem Felde sich zu bewegen,
   b) Wasser aus dem Brunnen zu schöpfen,
   c) sich ein Schwein und fünf Hühner nebst Zuzucht in eigenem Futter zu halten,
   d) mitzubacken, so oft der Besitzer backt,
5. freie Wäsche für die Altsitzerin,
6. Pflege und Wartung in Krankheitsfällen,
7. die nötigen Fuhren zum Arzt und in die Apotheke in diesen Fällen,
8. fünf freie Fuhren jährlich im Umkreise von 20 Kilometern,
9. eine eiserne Kuh mit freiem Futter,
10. im Falle des Todes der Leibgedingerin freies standesmäßiges Begräbnis,
11. jährlich und zwar vierteljährlich im voraus, soweit die Art der Leistungen es zuläßt:
   a) 8 Scheffel Roggen, b) 2 Scheffel Gerste c) 1 Scheffel Weizen, d) 1 Scheffel Linsen, e) 1/2 Scheffel Erbsen, f) 1/2 Scheffel Buchweizengrütze, g) 1/4 Scheffel Hirse, h) 12 Scheffel gute Eßkartoffeln, i) 2 gedüngte und bearbeitete Beete zu Rüben und Kohl, deren Auswahl die Leibgedingerin hat, k) ein Schwein, gutgemästet, zu Weihnachten, l) eine fette Gans zu Martini,

m) zehn Liter Salz, n) drei Klaftern kiefernes Klobenholz, klein gehackt, mit freier Anfuhr, o) zehn Zentner Kohlen mit freier Anfuhr, p) 60 Mark Taschengeld.

Die Leibgedingerin ist, wenn sie es vorziehen sollte, außerhalb des Landguts zu wohnen, befugt zu verlangen, daß ihr die Naturalleistungen bis auf eine Entfernung von 25 km frei ins Haus geschafft werden und ihr das Taschengeld übersendet wird. Sie erhält in diesem Falle als Entschädigung für die Ausgedingewohnung jährlich 75 M.

Das Ausgedinge soll zu gleichem Rechte mit den meinen Söhnen Karl und Max überwiesenen Beträgen im Grundbuche des Landguts eingetragen werden.

Meinen sonstigen Nachlaß sollen meine Erben zu gleichen Teilen erhalten.

Mehr habe ich nicht zu bestimmen.

Dem Erblasser wurden die Vorschriften des § 2252 Abs. 1 und 2 BGB. bekannt gemacht.

Vorstehendes Protokoll wurde dem Erblasser vorgelesen, von ihm genehmigt und, wie folgt, von ihm eigenhändig unterschrieben.

Erich Drescher.

Pohl. Neumann. Weber.

Testament mit Vormundsernennung. Befreiung.

§§ 1777, 1852 ff. BGB.

Der betreffende testierende Elternteil muß zur Zeit des Todes die elterliche Gewalt über das Kind haben, wenn er befugt sein soll, einen Vormund zu benennen. Er darf nicht in den die Person oder das Vermögen betreffenden Angelegenheiten beschränkt und von der Vertretung des Kindes ausgeschlossen sein (§ 1777 BGB.). Unter derselben Voraussetzung ist der Ausschluß gewisser Personen von der Führung der Vormundschaft möglich (§ 1782).

Wird einem Mündel etwas von Todes wegen zugewendet, so können für die Verwaltung des Vormundes testamentarische Anordnungen getroffen werden (§ 1803).

Der Vormund kann testamentarisch befreit werden:

1. von der Bestellung eines Gegenvormundes (§ 1852 Abs. 1),
2. von der ihm nach § 1809 obliegenden Verpflichtung, Geldeinlagen bei Sparkassen, Banken oder Hinterlegungsstellen nur mit der Bestimmung zu bewirken, daß zur Erhebung des Geldes die Genehmigung des Gegenvormundes oder des Vormundschaftsgerichts erforderlich ist;
3. von der ihm nach § 1810 BGB. obliegenden Verpflichtung, die nach §§ 1806 bis 1808 vorgeschriebene Anlegung nur mit Genehmigung des Gegenvormundes oder des Vormundschaftsgerichts zu bewirken;
4. von der ihm nach § 1812 BGB. obliegenden Pflicht, zur Verfügung über eine Forderung oder über ein anderes Recht, kraft dessen der Mündel eine Leistung verlangen kann, sowie zur Verfügung über ein Wertpapier des Mündels die Genehmigung des Gegenvormundes oder des Vormundschaftsgerichts einzuholen (§ 1852 Abs. 2);

5. von der ihm nach §§ 1814—1816 BGB. obliegenden Pflicht, Inhaber- und Ordrepapiere zu hinterlegen bezw. auf den Namen des Mündels im Reichs- oder Staatsschuldbuch mit dem Vermerk eintragen zu lassen, daß zur Verfügung über die Forderungen die Genehmigung des Vormundschaftsgerichts erforderlich ist (§ 1853);
6. von der Pflicht, während der Dauer seines Amtes Rechnung zu legen (§ 1854).

Die Befreiung von der Bestellung eines Gegenvormundes hat von selbst die unter 2—4 erwähnten Befreiungen zur Folge (§ 1852).

Hinsichtlich eines bevormundeten Volljährigen darf weder der Vater noch die Mutter einen Vormund benennen oder Jemand von der Vormundschaft ausschließen (§ 1898).

3.

Muster zu einem Testament mit Benennung eines befreiten Vormundes.

Gegenwärtig:

1. Pohl, Lehrer und Urkundsperson für Nottestamente;
2. Neumann, Gastwirt,
3. Weber, Fleischermeister

} als Zeugen.

Schönwalde, den 1. Sept. 1904, nachmittags 3 Uhr.

Auf Antrag der hier wohnhaften Gärtnerwittwe Helene Friedrich hatte sich der unterzeichnete zur Urkundsperson für Nottestamente bestellte Lehrer Hans Pohl unter Zuziehung der ihm bekannten Zeugen, Gastwirt Leo Neumann und Fleischermeister Adolf Weber, sämtlich von hier, heute in die Friedrichsche Wohnung begeben. Sie fanden dort die ihnen von Person bekannte Gärtnerwittwe Helene Friedrich geborene Schwarz krank im Bette liegend vor. Nach dem Zustande der Friedrich erschien die Besorgnis begründet, daß ihr die Errichtung eines Testaments vor einem Richter oder Notar nicht mehr möglich sein werde.

Helene Friedrich wiederholte ihr Gesuch um Aufnahme einer letztwilligen Verfügung und erklärte der Urkundsperson und den Zeugen mündlich ihren letzten Willen, wie folgt:

Ich besitze drei minderjährige Kinder:
Hermann, 17 Jahr alt,
Anna, 15 Jahr alt,
Max, 10 Jahr alt.
Dieselben sollen meine Erben sein.

Zum Vormunde meiner genannten drei Kinder benenne ich meinen Bruder, den Webermeister Ernst Schwarz hierselbst.

Ich befreie*) den Vormund

1. von den in den §§ 1809, 1810 des Bürgerlichen Gesetzbuchs bestimmten Beschränkungen,
2. von der Genehmigung des Gegenvormundes oder des Vormundschaftsgerichts zu den im § 1812

---

*) Die Befreiung könnte auch lauten:

Ich schließe die Bestellung eines Gegenvormundes aus, entbinde ihn von der Verpflichtung während der Dauer seines Amtes Rechnung zu legen, sowie von der Verpflichtung, Inhaber- und Ordrepapiere zu hinterlegen

oder

Ich befreie den Vormund von allen Einschränkungen der vormundschaftlichen Verwaltung soweit dies gesetzlich zulässig ist.

daselbst bezeichneten Rechtsgeschäften,

3. von der Verpflichtung, Inhaber- und Ordrepapiere zu hinterlegen oder bei Buchforderungen gegen das Reich oder einen Staat einen beschränkenden Vermerk in das Reichs- oder Staatsschuldbuch eintragen zu lassen,

4. von der Verpflichtung, während der Dauer der Vormundschaft Rechnung zu legen.

Weiter habe ich nichts zu bestimmen. Der Erblasserin wurden die Vorschriften des § 2252 Abs. 1, 2 des Bürgerlichen Gesetzbuchs bekannt gemacht. Das Protokoll ist der Erblasserin vorgelesen, von ihr genehmigt und von ihr eigenhändig unterschrieben worden.

Helene Friedrich.

Pohl. Neumann. Weber.

Testament der Lesens- und Schreibensunkundigen, der Blinden, der Tauben.

(§§ 2238 Abs. 2, 2242 Abs. 2, 2247 BGB., Art. 41 Preuß. Ges. freiw. G., § 17, 8 Anweisung.)

A. Wer Geschriebenes nicht zu lesen vermag (Analphabet) kann ein Testament nur mündlich zu Protokoll errichten. Ist er wenigstens imstande, seinen Namen zu schreiben, so hat er das Protokoll zu unterschreiben. Vermag er dies nicht, so muß er eine Erklärung dahin abgeben, daß er nicht schreiben könne. Hierdurch wird seine Unterschrift ersetzt. Diese Erklärung muß aber im Protokoll festgestellt werden (§ 17 Abs. 4 Anweis.). Hiernach sind Handzeichen, wie sie früher üblich waren, nicht ausreichend, die Unterschrift oder die betreffende protokollarische Feststellung zu ersetzen.

B. Denjenigen, welche des Lesens kundig sind, jedoch eines körperlichen Gebrechens (auch wegen Schwäche) nicht zu unterschreiben imstande sind, stehen beide Testamentsformen (mündliche Erklärung zu Protokoll oder Übergabe einer Schrift) zu Gebote. Ihre Unterschrift wird durch die protokollarische Erklärung, daß sie nicht schreiben können, wie im Falle zu A. ersetzt. Das amtliche Muster Anlage 2 enthält einen praktischen Fall. Die Ehefrau Scholz erklärte, daß sie nicht schreiben könne. Hier ist aber vorausgesetzt, daß sie Geschriebenes lesen kann, weil sie sonst mündlich zu Protokoll testieren müßte.

C. Blinde können Geschriebenes nicht lesen. Sie können ebenso wie die Analphabeten (zu A) ein Testament nur durch mündliche Erklärung errichten. S. § 9 Abs. 3 Anweis. Wenn der Blinde in der Lage ist, ein Protokoll zu unterschreiben, so muß er es tun.

Die Abfassung des Protokolls bietet sonst keine Schwierigkeit. Der Schluß desselben lautet:

> Das Protokoll wurde hierauf vorgelesen und von dem Erblasser, welcher wegen Blindheit nicht unterschreiben zu können erklärte, genehmigt.
>
> Unterschriften.

D. Taubheit. § 17 Abs. 3 Anweis. Dem Tauben, welcher Geschriebenes lesen kann, stehen beide Testamentsformen (mündliche Erklärung oder Übergabe einer Schrift) zu Gebote. Kann er Geschriebenes nicht lesen, so kann er nur mündlich zu Protokoll testieren.

a) Kann der Taube Geschriebenes lesen, so soll ihm das Protokoll auch ohne ausdrückliches Verlangen zur Durchsicht vorgelegt, und daß dies geschehen ist, im Protokoll vermerkt werden. Vgl. auch Art. 41 Abs. 1 Preuß.Ges.fr.G.

Der Vermerk hat etwa zu lauten:

Es hatte sich herausgestellt, daß der Erblasser taub sei. Das Protokoll wurde nunmehr vorgelesen und dem Erblasser zur Durchsicht vorgelegt, worauf er erklärte: Es ist alles richtig und vollständig niedergeschrieben. Ich genehmige alles.

Hierauf unterschrieb der Erblasser, wie folgt, eigenhändig:

(Vor- und Zuname des Erblassers.)

Unterschriften.

b) Kann der Taube Geschriebenes nicht lesen, z. B. weil er blind ist, so soll eine Vertrauensperson zugezogen werden, die sich mit ihm zu verständigen vermag. Art. 41 Abs. 2 a. a. O. und § 17 Abs. 3 Anweis. In dem Protokolle sollen dann die dort verlangten Feststellungen enthalten sein.

In diesem Falle wäre etwa Folgendes festzustellen:

Es hatte sich herausgestellt, daß der Erblasser taub ist und auch Geschriebenes nicht zu lesen vermag, weshalb der Schneidermeister Hugo Altmann als Vertrauensperson zugezogen wurde, welcher nach der Versicherung des Erblassers mit ihm seit längerer Zeit befreundet ist. Altmann verständigte sich mit dem Erblasser durch Zeichen, welche letzterer mündlich beantwortete. Aus den Antworten gewann die Urkundsperson die Überzeugung, daß der Erblasser den Altmann verstanden hat. (Es folgen die Erklärungen des Erblassers und der Hinweis auf § 2252 BGB.).

Das Protokoll wurde nunmehr vorgelesen und sodann sowohl vom Erblasser als auch von der Vertrauensperson genehmigt und von Letzterer, da der Erblasser nicht schreiben zu können erklärte, wie folgt, eigenhändig unterschrieben.

(Vor- und Zuname der Vertrauensperson.)

Unterschriften.

Taubstumme, die schreiben können, sind testierfähig.

4.

Muster des Testaments eines Schreibensunkundigen.

(§ 2242 BGB.)

Gegenwärtig:

1. Pohl, Lehrer und Urkundsperson für Nottestamente,
2. Neumann, Gastwirt,
3. Weber, Fleischermeister,

(2. und 3.) als Zeugen.

Schönwalde, den 30. Aug. 1904, nachmittags 5 Uhr.

Auf Antrag der hier wohnhaften Gesindevermieterin unverehelichten Amalie Wagner hatte sich der unterzeichnete zur Urkundsperson für Nottestamente bestellte Lehrer Hans Pohl unter Zuziehung der ihm bekannten Zeugen Gastwirt Leo Neumann und Fleischermeister Adolf Weber, sämtlich von hier, heut in die Wagnersche Wohnung begeben. Sie fanden dort die ihnen von Person bekannte Gesindevermieterin unverehel. Amalie Wagner krank und im Bette liegend vor. Nach dem Zustande derselben erschien die Besorgnis begründet, daß ihr die Errichtung eines Testaments vor einem Richter oder Notar nicht mehr möglich sein werde.

Amalie Wagner überreichte einen Aufsatz mit dem Bemerken, daß derselbe als ihr Testament gelten solle. Auf Befragen erklärte sie, daß sie den Aufsatz nicht selbst geschrieben habe, da sie schreibensunkundig sei, übrigens auch Geschriebenes nicht lesen könne. Sie wurde bedeutet, daß in diesem Falle die Übergabe einer Schrift als Testament nach § 2238 Abs. 2 BGB. unzulässig sei, daß sie vielmehr ihren letzten Willen gültig nur mündlich zu Protokoll erklären könne.

Sie erklärte nach Zurücknahme des Aufsatzes ihren letzten Willen mündlich wie folgt:

Ich setze zu meinem alleinigen Erben meinen Neffen, den Haushälter Arnold Strauß in Luckau ein.

Der Erblasserin wurden die Vorschriften des § 2252 Abs. 1 und 2 BGB. bekannt gemacht.

Das Protokoll ist der Erblasserin vorgelesen, von ihr genehmigt, aber nicht unterschrieben worden, da sie erklärt hatte, nicht schreiben zu können.

Pohl. Neumann. Weber.

5.

Muster des Testaments eines Blinden.

Gegenwärtig:

1. Pohl, Lehrer und Urkundsperson für Nottestamente,
2. Neumann, Gastwirt, } als Zeugen.
3. Weber, Fleischermeister, } als Zeugen.

Schönwalde, den 15. Sept. 1904, nachmittags 3 Uhr.

Auf Antrag des hier wohnhaften Gastwirts Eduard Flegel hatte sich der unterzeichnete zur Urkundsperson für Nottestamente bestellte Lehrer Hans Pohl unter Zuziehung der ihm bekannten Zeugen, Gastwirt Leo Neumann und Fleischermeister Adolf Weber, sämtlich von hier, heut in die Flegelsche Wohnung begeben. Sie trafen dort den ihnen von Person bekannten Gastwirt Eduard Flegel krank und im Bette liegend an. Nach dem Zustande desselben erschien die Besorgnis begründet, daß ihm die Errichtung eines Testaments vor einem Richter oder Notar nicht mehr möglich sein werde.

Eduard Flegel erklärte, daß er ein Testament errichten wolle, seit längerer Zeit blind sei und Geschriebenes weder lesen, noch schreiben könne.

Er erklärte sodann seinen letzten Willen, wie folgt:

Zu meiner alleinigen Erbin ernenne ich meine Schwester, die Schneiderin Ernestine Flegel in Wartenberg.

Weiteres habe ich nicht zu bestimmen.

Dem Erblasser wurden die Vorschriften des § 2252 Abs. 1 u. 2 BGB. bekannt gemacht.

Hierauf wurde das Protokoll vorgelesen, von dem Erblasser genehmigt, jedoch wegen erklärter Schreibensurkunde nicht unterschrieben.

Pohl. Neumann. Weber.

6.
Muster des Testaments eines Tauben (lesenskundig).

Gegenwärtig; 1. Pohl, Lehrer und Urkundsperson für Nottestamente, 2. Neumann, Gastwirt, 3. Weber, Fleischermeister, } als Zeugen.	Schönwalde, den 18. Okt. 1904, nachmittags 4 Uhr.

Auf Antrag des hier wohnhaften Schneiders Oskar Rother hatte sich der unterzeichnete zur Urkundsperson für Nottestamente bestellte Lehrer Hans Pohl unter Zuziehung der ihm bekannten Zeugen, Gastwirt Leo Neumann und Fleischermeister Adolf Weber, sämtlich von hier, heute in die Rothersche Wohnung begeben.

Sie fanden dort den ihnen von Person bekannten Schneider Oskar Rother krank und im Bette liegend vor.

Es erschien die Besorgnis begründet, daß ihm die Errichtung eines Testaments vor einem Richter oder Notar nicht mehr möglich sein werde.

Rother bat um Aufnahme seines Testaments.

Eine Unterredung mit ihm verschaffte der Urkundsperson die Überzeugung, daß er in so hohem Grade taub war, daß eine Verständigung mit ihm unmöglich erschien.

Auf schriftliches Befragen, ob Rother Geschriebenes lesen könne, antwortete er, daß er dies könne; es wurden ihm daher folgende Fragen schriftlich vorgelegt, die er wie nachstehend beantwortete:

1. Haben Sie früher bereits ein Testament gemacht oder einen Erbver-

trag geschlossen, so daß Sie in der Verfügung über Ihren Nachlaß beschränkt sind?
Antwort: Nein.

2. Haben Sie pflichtteilsberechtigte Verwandte, wie Kinder, Eltern oder einen Ehegatten?
Antwort: Nur einen Sohn, den Drechsler Anton Rother in Schönau. Meine Ehefrau und meine Eltern sind bereits verstorben.
3. Wen setzen Sie zum Erben ein?
Antwort: Mein alleiniger Erbe soll mein Sohn Anton Rother sein.
4. Haben Sie Vermächtnisse auszusetzen oder sonst noch letztwillige Verfügungen zu treffen?
Antwort: Nein.

Dem Erblasser wurde hierauf folgendes bekannt gemacht:

Ihr vorstehendes Testament, in welchem Sie Ihren Sohn Anton Rother zum Alleinerben einsetzen, gilt nach § 2252 Abs. 1 u. 2 BGB. als nicht errichtet, wenn seit der Errichtung drei Monate verstrichen sind und Sie noch leben. Beginn und Lauf der Frist sind gehemmt, so lange Sie außer Stande sind, ein Testament vor einem Richter oder vor einem Notar zu errichten.

Vorstehendes Protokoll wurde darauf dem Testator zur Durchsicht vorgelegt, worauf er es genehmigte und, wie folgt, eigenhändig unterschrieb.

Oskar Rother.

Pohl. Neumann. Weber.

7.

Muster des Testaments eines Tauben (schreibensunkundig).

Gegenwärtig:
1. Pohl, Lehrer und Urkundsperson für Nottestamente,
2. Neumann, Gastwirt,
3. Weber, Fleischermeister,
} als Zeugen.

Schönwalde, den 20. Sept. 1904, nachmittags 4 Uhr.

Auf Antrag des hier wohnhaften Obsthändlers Ferdinand Alt hatte sich der unterzeichnete zur Urkundsperson für Nottestamente bestellte Lehrer Hans Pohl, unter Zuziehung der ihm bekannten Zeugen, Gastwirt Leo Neumann und Fleischermeister Adolf Weber, sämtlich von hier, heute in die Altsche Wohnung begeben.

Sie fanden dort den ihnen von Person bekannten Obsthändler Ferdinand Alt krank und im Bette liegend vor.

Es erschien die Besorgnis begründet, daß ihm die Errichtung eines Testaments vor einem Richter oder Notar nicht mehr möglich sein werde.

Alt bat um Aufnahme seines Testaments.

Eine Unterredung mit ihm verschaffte der Urkundsperson die Überzeugung, daß er in hohem Grade taub war, und auch Geschriebenes nicht zu lesen vermöge, was er auf eine bezügliche schriftliche ihm vorgelegte Frage antwortete.

Es wurde daher der Ofensetzer Otto Landsberg als Vertrauensperson zugezogen, welcher, wie der Erblasser versichert, seit seiner Jugend sein Freund sei und mit ihm stets verkehre. Landsberg unterhielt sich mit dem Erblasser durch Zeichen, welche letzterer mündlich beantwortete. Aus den Antworten gewann die Urkundsperson die Überzeugung, daß Alt den Landsberg verstanden hat.

Der Erblasser erklärte als seinen letzten Willen Folgendes:

Ich setze meine Ehefrau Anna geborene Tietze zu meiner alleinigen Erbin ein.

Eltern und Kinder besitze ich nicht mehr. Mehr habe ich nicht zu bestimmen.

Dem Erblasser wurden die Bestimmungen des § 2252 Abs. 1 u. 2 BGB. durch Vermittelung der Vertrauensperson bekannt gemacht, welche er auf Veranlassung derselben zum Zeichen, daß er sie verstanden, mündlich wiederholte.

Das Protokoll wurde nunmehr vorgelesen, und sodann von dem Erblasser und der Vertrauensperson genehmigt und von letzterer, da der Erblasser erklärt hatte, nicht schreiben zu können, wie folgt, eigenhändig unterschrieben.

Otto Landsberg.

Pohl. Neumann. Weber.

Testament eines Stummen oder sonst am Sprechen Verhinderten.

(§ 2243 BGB., § 18 Anweisung.)

Ein Stummer oder sonst am Sprechen Verhinderter kann nur durch Übergabe einer Schrift und nur dann testieren, wenn er schreiben kann. Denn er muß die Erklärung, daß die Schrift seinen letzten Willen enthalte, bei der Verhandlung eigenhändig in das Protokoll oder auf ein besonderes Blatt (nicht auf die Schrift selbst) schreiben, das dem Protokoll als Anlage beigefügt werden muß. Der Erblasser darf also eine bereits vorher geschriebene Erklärung, daß die Schrift seinen letzten Willen enthalte, nicht überreichen. Ihre Niederschrift muß in Gegenwart aller mitwirkenden Personen erfolgen. Die Erklärung des Erblassers ist, auch wenn sie auf einem besonderen Blatte steht, zugleich mit dem Protokoll, als dessen Bestandteil das Blatt anzusehen ist, mitzuverlesen, sie braucht vom Erblasser nicht besonders unterschrieben zu werden, da von ihm das Protokoll unterschrieben wird.

Im Protokoll ist das eigenhändige Niederschreiben der Erklärung sowie die Überzeugung der Urkundsperson, daß der Erblasser am Sprechen verhindert ist, bei Vermeidung der Nichtigkeit des Testamentsakts festzustellen. Wie sich die Urkundsperson die Überzeugung verschafft hat, bleibt ihrem pflichtmäßigen Ermessen überlassen. Eine nähere Begründung dieser Überzeugung gehört nicht in das Protokoll.

8.

Muster der Annahme des Testaments eines am Sprechen Verhinderten.

Gegenwärtig:
1. Pohl, Lehrer und Urkundsperson für Nottestamente,
2. Neumann, Gastwirt,
3. Weber, Fleischermeister, } als Zeugen.

Schönwalde, den 25. Juni 1904, nachmittags 6 Uhr.

Auf Antrag der hier wohnhaften Maurerfrau Ernstine Woller hatte sich der unterzeichnete zur Urkundsperson für Nottestamente bestellte Lehrer Hans Pohl unter Zuziehung der ihm bekannten Zeugen, Gastwirt Leo Neumann und Fleischermeister Adolf Weber, sämtlich von hier, heute in die Wollersche Wohnung begeben. Sie fanden dort den ihnen von Person bekannten Maurer Otto Woller krank und im Bette liegend vor. Seine Ehefrau bemerkte, daß Woller bei dem Bau der neuen evangelischen Kirche hierselbst vom Gerüst gestürzt sei und die Sprache verloren habe, daß er des Lesens und Schreibens kundig sei und sein schriftlich abgefaßtes Testament übergeben wolle. Auf Befragen der Urkundsperson nickte Otto Woller zustimmend. Nach dem Zustande desselben erschien die Besorgnis begründet, daß ihm die Errichtung eines Testaments vor einem Richter oder Notar nicht mehr möglich sein werde.

Die Urkundsperson erlangte auf die an Otto Woller gerichteten Fragen die Überzeugung, daß derselbe, offenbar in Folge des Sturzes am Sprechen verhindert, jedoch im völlig ungestörten Besitz seiner Geisteskräfte sei.

Auf die Frage an Otto Woller, ob er ein Testament errichten wolle, übergab derselbe der Urkundsperson eine verschlossene Schrift mit der Aufschrift:

„Mein letzter Wille.
Otto Woller."

Die Frage, ob er das Testament selbst geschrieben habe, bejahte Woller durch Zunicken. Auf diesfällige Aufforderung schrieb Woller in vorstehendes Protokoll eigenhändig Nachstehendes:

Ich erkläre, daß die heut von mir hier übergebene Schrift meinen letzten Willen enthält.

Otto Woller, Maurer.

Dem Erblasser wurden die Vorschriften des § 2252 Abs. 1 u. 2 BGB. bekannt gemacht.

Hierauf wurde das Protokoll vorgelesen, vom Erblasser durch zustimmendes Kopfnicken genehmigt, und, wie folgt, eigenhändig unterschrieben.

Otto Woller.

Pohl. Neumann.

Weber.

Testament eines der deutschen Sprache Unkundigen unter Zuziehung eines Dolmetschers.

(Protokoll ist deutsch aufzunehmen.)
(§ 2244 BGB., § 19 Anweis.)

Erklärt der Erblasser, daß er der deutschen Sprache nicht mächtig ist, so muß ein vereideter Dolmetscher zugezogen werden. Die Zuziehung eines Dolmetschers ist nur in dem einen Falle nicht erforderlich, wenn sämtliche mitwirkende Personen (die Urkundsperson und die beiden Zeugen) der fremden Sprache, in welcher der Erblasser sich nur erklären kann, mächtig sind (§ 2245 BGB. § 20 Anw.). Es darf also nicht etwa einer der Mitwirkenden den übrigen sprachunkundigen Mitwirkenden die fremde Sprache des Erblassers ins Deutsche übersetzen.

Ist ein von der zuständigen Staatsbehörde vereideter Dolmetscher nicht zur Stelle, so muß die Urkundsperson eine geeignete Person als Dolmetscher zuziehen und unter Hinweis auf die Bedeutung des Eides in Gegenwart der mitwirkenden Personen für den vorliegenden Akt in der Weise beeidigen, daß der Dolmetscher die rechte Hand erhebt und mittels Nachsprechens oder Ablesens folgenden Eid leistet:

„Ich schwöre bei Gott dem Allmächtigen und Allwissenden, daß ich treu und gewissenhaft übertragen werde. So wahr mir Gott helfe."

Der Vorgang der Beeidigung soll in das Protokoll aufgenommen werden.

Ein Verzicht auf die Beeidigung ist bei Testamenten nicht zulässig.

Als Dolmetscher darf nicht mitwirken, wer als Zeuge nicht mitwirken kann. Vgl. die Unfähigkeitsgründe § 7 Nr. 1—7 der Anweis., wobei jedoch zu bemerken ist, daß die Vorschriften zu Nr. 4—7 bloße Ordnungsvorschriften sind. Im Notfalle wird daher

z. B. ein Minderjähriger als Dolmetscher Verwendung finden müssen, wenn er im allgemeinen hierzu die Fähigkeit (Verständnis, Kenntnis in Schrift und Sprache) besitzt.

9.

Muster zu einem Testament unter Zuziehung eines Dolmetschers.

(Das Protokoll ist deutsch aufzunehmen.)

Gegenwärtig:

1. Pohl, Lehrer und Urkundsperson für Nottestamente,
2. Neumann, Gastwirt, } als Zeugen.
3. Weber, Fleischermeister, } als Zeugen.
4. Weinert, Gemeindeschreiber als Dolmetscher

Schönwalde, den 18. Juni 1904, nachmittags 5 Uhr.

Auf Antrag des hier wohnhaften Ackerbürgers Josef Madalinsky hatte sich der unterzeichnete zur Urkundsperson für Nottestamente bestellte Lehrer Hans Pohl unter Zuziehung der ihm bekannten Zeugen, Gastwirt Leo Neumann und Fleischermeister Adolf Weber, sämtlich von hier, heute in die Madalinskysche Wohnung begeben. Sie fanden dort den ihnen von Person bekannten Ackerbürger Josef Madalinsky krank und im Bette liegend vor. Nach dem Zustande des Madalinsky erschien die Besorgnis begründet, daß ihm die Errichtung eines Testaments vor einem Richter oder einem Notar nicht mehr möglich sein werde.

Madalinsky erklärte, daß er der deutschen Sprache nicht mächtig sei, vielmehr nur der polnischen.

Es wurde deshalb der vereidigte*) Dolmetscher der polnischen Sprache, Gemeindeschreiber Alfred Weinert als Dolmetscher zugezogen, unter dessen Vermittelung der Erblasser, wie folgt, sich äußerte:

Ich habe ein Gesuch um Aufnahme meines Testaments gestellt und erkläre meinen letzten Willen, wie folgt:

(Es folgen hier die näheren Bestimmungen des Erblassers).

Weiter habe ich nichts zu verordnen.

Sodann wurde das vorliegende Protokoll von dem Dolmetscher in die polnische Sprache übersetzt, die Übersetzung von dem Dolmetscher auf ein besonderes Blatt geschrieben, beglaubigt und dem Protokoll als Anlage beigefügt.

Dem Erblasser wurden die Vorschriften des § 2252 Abs. 1 und 2 BGB. bekannt gemacht.

Endlich wurde vorstehendes Protokoll in deutscher Sprache, und die Übersetzung von dem Dolmetscher vor-

---

*) Sollte ein von der zuständigen Staatsbehörde vereidigter Dolmetscher nicht zur Stelle sein, so ist eine geeignete Person zu vereidigen. Das Protokoll würde dann oben lauten:

Es wurde deshalb der Wirtschafts-Inspektor Ignatz Orlowski als Dolmetscher der polnischen Sprache zugezogen, welcher unter Hinweis auf seine diesfälligen Pflichten und die Bedeutung des Eides in Gegenwart der mitwirkenden Personen folgenden Eid leistete:

„Ich schwöre bei Gott usw." wie oben angegeben.

gelesen, von dem Erblasser genehmigt und, wie folgt, von ihm und dem Dolmetscher eigenhändig unterschrieben.

Josef Madalinsky.
Alfred Weinert.
Pohl. Neumann. Weber.

Testament eines der deutschen Sprache Unkundigen ohne Zuziehung eines Dolmetschers.

(Protokoll ist in der fremden Sprache aufzunehmen.)

Wenn sämtliche mitwirkende Personen (die Urkundsperson und beiden Zengen) ihrer Versicherung nach der fremden Sprache, in der sich der Erblasser erklärt, mächtig sind, ist die Zuziehung eines Dolmetschers nicht erforderlich (§ 2245 BGB. und § 20 Anweis.).

10.

Muster zu einem Testament ohne Zuziehung eines Dolmetschers.

(Das Protokoll ist polnisch aufzunehmen.)

Gegenwärtig:

1. Pohl, Lehrer und Urkundsperson für Nottestamente,
2. Altmann, Kaufmann,
3. Scherer, Uhrmacher,

} als Zeugen.

Schönwalde, den 25. Juni 1904, nachmittags 4 Uhr.

Auf Antrag des hier wohnhaften Ackerbürgers Josef Madalinsky hatte sich der unterzeichnete zur Urkundsperson für Nottestamente bestellte Lehrer Hans Pohl unter Zuziehung der ihm bekannten Zeugen, Kaufmann Adolf Altmann und Uhrmacher Otto Scherer, sämtlich von hier, heute in die Madalinskysche Wohnung begeben.

Sie fanden dort den ihnen von Person bekannten Ackerbürger Josef Madalinsky krank und im Bette liegend vor. Nach dem Zustande des Madalinsky erschien die Besorgnis begründet, daß ihm die Errichtung eines Testaments vor einem Richter oder Notar nicht mehr möglich sein werde.

Madalinsky erklärte, daß er der deutschen Sprache nicht mächtig sei, vielmehr nur der polnischen.

Die Urkundsperson für Nottestamente und die beiden Zeugen, sind, wie sie hiermit versichern, der polnischen Sprache mächtig.

Josef Madalinsky bat um Aufnahme seines Testaments und erklärte hierauf der Urkundsperson für Nottestamente und den Zeugen mündlich seinen letzten Willen, wie folgt:

(Es folgen die näheren Bestimmungen des Erblassers.)

Weiter habe ich nichts zu verordnen.

Dem Erblasser wurden die Vorschriften des § 2252 Abs. 1 und 2 BGB. bekannt gemacht.

Sodann wurde das Protokoll dem Erblasser vorgelesen, von ihm genehmigt und, wie folgt, eigenhändig unterschrieben.

Josef Madalinsky.

Eine deutsche Übersetzung ist als Anlage beigefügt.

Pohl. Altmann. Scherer.

Gemeinschaftliches Testament von Eheleuten bei Gütergemeinschaft.

(§§ 2265 ff., 1438 ff., 1483 ff., 1509 ff. BGB.)

Bei der allgemeinen Gütergemeinschaft bildet das Vermögen des Mannes und der Frau — im Gegensatz zu dem gesetzlichen Güterrecht — eine gemeinschaftliche Masse (Gesamtgut), insoweit nicht einzelne Teile desselben zum Sondergut derselben gehören, wie z. B. das Vorbehaltsgut (§§ 1438 ff.).

Wird die Ehe durch den Tod eines der Ehegatten aufgelöst und ist ein gemeinschaftlicher Abkömmling nicht vorhanden, so gehört der Anteil des verstorbenen Ehegatten am Gesamtgute zum Nachlasse. Die Beerbung des Verstorbenen erfolgt nach den allgemeinen Vorschriften (§ 1482).

Sind bei dem Tode eines Ehegatten aber gemeinschaftliche Abkömmlinge vorhanden, so wird zwischen dem überlebenden Ehegatten und den gemeinschaftlichen Abkömmlingen, die im Falle der gesetzlichen Erbfolge als Erben berufen sind, die Gütergemeinschaft fortgesetzt.*) Der Anteil des verstorbenen Ehegatten am Gesamtgute gehört in diesem Falle nicht zum Nachlasse; im übrigen (z. B. hinsichtlich des Sonderguts) erfolgt die Beerbung des Ehegatten nach den allgemeinen Vorschriften. Sind neben den gemeinschaftlichen Abkömmlingen noch andere Abkömmlinge (Stiefkinder oder Stiefenkel des überlebenden Ehegatten) vorhanden, so bestimmen sich ihr Erbrecht und ihre Erbteile so, wie wenn fortgesetzte Gütergemeinschaft nicht eingetreten wäre (§ 1483).

---

*) Zu bemerken ist, daß bei den übergeleiteten gütergemeinschaftlichen Ehen des alten Rechts nach Art. 47 § 4 Pr. Ausf. Ges. z. BGB. fortgesetzte Gütergemeinschaft nur eintritt, wenn sie durch Ehevertrag vereinbart ist.

Die fortgesetzte Gütergemeinschaft kann (abgesehen von einer etwaigen Ausschlagung in der Form einer Erbschaftsausschlagung oder eines vertragsmäßigen Ausschlusses der Ehegatten) von jedem Ehegatten für den Fall seines Todes durch letztwillige Verfügung ausgeschlossen werden, wenn er berechtigt ist, dem anderen Ehegatten den Pflichtteil zu entziehen oder auf Aufhebung der Gütergemeinschaft zu klagen. Auf die Ausschließung finden die Vorschriften über die Entziehung des Pflichtteils entsprechende Anwendung (§ 1509). Wird die Fortsetzung der Gütergemeinschaft ausgeschlossen, so gehört der Anteil des verstorbenen Ehegatten am Gesamtgut zum Nachlasse und es geschieht seine Beerbung nach den allgemeinen Vorschriften (§§ 1510, 1482).

Die Ehegatten können ferner in einem gemeinschaftlichen*) Testament für ihren Todesfall

1. einen gemeinschaftlichen Abkömmling von der fortgesetzten Gütergemeinschaft ausschließen — unbeschadet seines Erbrechts bez. Pflichtteilsrechts (§ 1511);
2. den einem anteilsberechtigten Abkömmling nach Beendigung der fortgesetzten Gütergemeinschaft gebührenden Anteil am Gesamtgut bis auf die Hälfte herabsetzen (§ 1512);
3. ihm diesen Anteil entziehen oder entsprechend beschränken, wenn gesetzliche Gründe zur Entziehung des Pflichtteils oder zu der fraglichen Beschränkung vorhanden sind (§§ 1513, 2338);
4. anordnen, daß ein anteilsberechtigter Abkömmling das Recht haben soll, bei der Teilung das Ge-

*) In einem besonderen Testament kann dies ein Ehegatte nur mit der (gerichtlich oder notariell zu beurkundenden) Zustimmung des anderen Ehegatten (§ 1516).

samtgut oder einzelne dazu gehörende Gegenstände gegen Ersatz des Wertes zu übernehmen.

Gehört zum Gesamtgut ein Landgut, so kann bestimmt werden, daß es mit dem Ertragswert oder mit einem diesen mindestens erreichenden Preise angesetzt werden soll (§ 1515).

Der Betrag, welcher nach a und b dem Abkömmling entzogen wird, kann dritten zugewendet werden (§ 1514).

11.

Muster zu einem Protokoll über Errichtung eines Testaments gütergemeinschaftlicher Eheleute.

Gegenwärtig:

1. Pohl, Lehrer und Urkundsperson für Nottestamente,
2. Neumann, Gastwirt,
3. Weber, Fleischermeister,

(2. und 3.) als Zeugen.

Schönwalde, den 4. Mai 1904, nachmittags 2 Uhr.

Auf Antrag des hier wohnhaften Bauern Adolf Hansen hatte sich der unterzeichnete für Nottestamente bestellte Lehrer Hans Pohl unter Zuziehung der ihm bekannten Zeugen, Gastwirt Leo Neumann und Fleischermeister Adolf Weber, sämtlich von hier, heute in die Hansensche Wohnung begeben. Sie fanden dort vor:

1. den Bauern Adolf Hansen,
2. dessen Ehefrau Selma, geborene Schröder.

Beide sind der Urkundsperson bekannt.

Die Ehefrau Hansen lag schwer krank im Bette. Es erschien danach die Besorgnis begründet, daß ihr die Errichtung eines Testaments vor einem Richter oder einem Notar nicht mehr möglich sein werde.

Die Hansenschen Eheleute wiederholten ihr Gesuch um Aufnahme ihres gemeinschaftlichen Testaments und erklärten dasselbe der Urkundsperson und den Zeugen mündlich wie folgt:

Wir leben in beiderseits erster Ehe und in allgemeiner Gütergemeinschaft. Durch Ehevertrag vom 10. Mai 1901 haben wir (gemäß Art. 47 § 7 Pr. Ausf.Ges. z. BGB.) vereinbart, daß der Überlebende von uns die Gütergemeinschaft mit den gemeinsamen Abkömmlingen fortsetzt. Diese Vereinbarung halten wir mit nachstehender Maßgabe aufrecht:

a) Wir schließen unsern Sohn Adolf von der fortgesetzten Gütergemeinschaft aus. Sein Erbteil soll so berechnet werden, wie wenn die fortgesetzte Gütergemeinschaft nicht eingetreten wäre und ihm gezahlt werden.

b) Der unserem Sohne Max nach Beendigung der fortgesetzten Gütergemeinschaft gebührende Anteil an dem Gesamtgut wird auf die Hälfte herabgesetzt. Der ihm gekürzte Betrag wird unserer Pflegetochter Ottilie Sandberg zugewendet.

c) Unserem Sohne Fritz entziehen wir den ihm nach der Beendigung der fortgesetzten Gütergemeinschaft gebührenden Anteil an dem Gesamtgute. Wir enterben ihn, weil er sich einem liederlichen Lebenswandel ergeben hat, sich in der Welt zwecklos umhertreibt, auch seinem Vater nach dem Leben getrachtet hat, weshalb er steckbrieflich verfolgt wird, wie die Akten der Staatsanwaltschaft zu Eisleben ergeben.

Den Erblassern wurden die Vorschriften des § 2252 Abs. 1 u 2 BGB. bekannt gemacht.

Das Protokoll ist den Erblassern vorgelesen, von ihnen genehmigt und, wie folgt, eigenhändig unterschrieben werden.

Adolf Hansen. Selma Hansen.

Pohl. Neumann. Weber.

12.

Muster eines gemeinschaftlichen Testaments (sog. Berliner Testament).

(§§ 2265 ff. BGB.)

Gegenwärtig:
1. Pohl, Lehrer und Urkundsperson für Nottestamente,
2. Neumann, Gastwirt,
3. Weber, Fleischermeister,
} als Zeugen.

Schönwalde, den 14. Nov. 1904, nachmittags 5 Uhr.

Auf Antrag des hier wohnhaften Malermeisters Georg Kahle hatte sich der unterzeichnete zur Urkundsperson für Nottestamente bestellte Lehrer Hans Pohl unter Zuziehung der ihm bekannten Zeugen, Gastwirt Leo Neumann und Fleischermeister Adolf Weber, sämtlich von hier, heute in die Kahlesche Wohnung begeben. Sie fanden dort vor:

1. den Malermeister Georg Kahle,
2. dessen Ehefrau Marie Kahle geb. Nötel.

Beide sind der Urkundsperson bekannt. Der Ehemann Georg Kahle lag schwer krank im Bette. Es erschien danach die Besorgnis begründet, daß ihm die Errichtung eines Testaments vor einem Richter oder einem Notar nicht mehr möglich sein werde.

Die Kahleschen Eheleute erklärten:

Wir wollen unser gemeinschaftliches Testament errichten.

Darauf erklärten sie ihren letzten Willen, wie folgt:

Wir leben in erster Ehe und in Gütergemeinschaft. Aus unserer Ehe sind vier Kinder entsprossen: Emil, Agnes, Erich und Paul.

Wir ernennen hierdurch zu unseren Erben den Überlebenden von uns beiden und unsere genannten vier Kinder. Der überlebende Ehegatte soll, so lange er nicht wieder heiratet, die freie und unbeschränkte Verfügung über unser gesamtes Vermögen haben, ihm gebührt bis zu seinem Tode oder, wenn er zur ferneren Ehe schreitet, bis zu seiner anderweitigen Verheiratung der unbeschränkte Nießbrauch und die Verwaltung des Vermögens, ohne daß er verpflichtet wäre, über die Verwaltung desselben Rechnung zu legen. Schreitet der Überlebende zur ferneren Ehe, so ist er gehalten, sich mit den Kindern nach den Regeln der gesetzlichen Erbfolge auseinanderzusetzen. Im übrigen haben sich die Kinder mit dem zu begnügen, was beim Tode des Letztlebenden von uns noch von dem Nachlasse vorhanden sein wird.

Sollte eines unserer Kinder unser vorstehendes Testament anfechten, so setzen wir dasselbe auf den gesetzlichen Pflichtteil.

Mehr haben wir nicht zu bestimmen.

Den Erblassern wurden die Vorschriften des § 2252 Abs. 1 und 2 BGB. bekannt gemacht.

Vorstehendes Protokoll ist den Erblassern vorgelesen, von ihnen genehmigt und, wie folgt, von ihnen eigenhändig unterschrieben worden.

Georg Kahle. Marie Kahle.

Pohl. Neumann. Weber.

13.

Muster des Widerrufs eines Testaments.

(§§ 2253 ff. BGB.)

Gegenwärtig:

1. Pohl, Lehrer und Urkundsperson für Nottestamente;
2. Neumann, Gastwirt; } als Zeugen.
3. Weber, Fleischermeister } als Zeugen.

Schönwalde, den 26. Okt. 1904, nachmittags 6 Uhr.

Auf Antrag des hier wohnhaften Gärtners Felix Naumann hatte sich der unterzeichnete zur Urkundsperson für Nottestamente bestellte Lehrer Hans Pohl unter Zuziehung der ihm bekannten Zeugen, Gastwirt Leo Neumann und Fleischermeister Adolf Weber, sämtlich von hier, heute in die Naumannsche Wohnung begeben.

Sie fanden dort den ihnen von Person bekannten Gärtner Felix Naumann krank und im Bette liegend vor.

Es erschien die Besorgnis begründet, daß ihm die Errichtung seines letzten Willens vor einem Richter oder Notar nicht mehr möglich sein werde.

Felix Naumann erklärte der Urkundsperson und den Zeugen mündlich seinen letzten Willen, wie folgt:

Ich habe bei dem Königlichen Amtsgericht zu Sorgau laut Hinterlegungsschein vom 1. April 1902 ein Testament niedergelegt, welches unter Nr. 65 des Verwahrungsbuchs eingetragen ist.

Dieses Testament widerrufe ich.

Ein anderweitiges will ich nicht errichten, da ich wünsche, daß nach meinem Tode die gesetzliche Erbfolge eintreten soll.

Dem Erblasser wurden die Vorschriften des § 2252 Abs. 1 und 2 BGB. bekannt gemacht.

Vorstehendes Protokoll wurde vorgelesen, von dem Erblasser genehmigt und von ihm, wie folgt, eigenhändig unterschrieben.

Felix Naumann.

Pohl. Neumann. Weber.

Sachregister.

(Die Zahlen bedeuten die Seiten.)

A.

B.

D.

E.

K.

L.

M.

N.

O.

P.

U.

V.

Druck von Otto Walter, Berlin S 14.

Verzeichnis

der

Guttentag'schen Sammlung Deutscher Reichs- und Preussischer Gesetze

Text-Ausgaben

mit Anmerkungen u. Sachregister

Guttentag'sche Sammlung

Deutscher Reichsgesetze.

Text-Ausgaben mit Anmerkungen. Taschenformat.

---

1. **Verfassung** des Deutschen Reichs. Gegeben Berlin, den 16. April 1871. Von Dr. **L. von Rönne.** Neunte Auflage von Landrath **Paul von Rönne.** 2 M. 40 Pf.

2. **Strafgesetzbuch** für das Deutsche Reich. Nebst den gebräuchlichsten Reichs-Strafgesetzen: Presse, Entziehung elektrischer Arbeit, Kranken-, Unfall-, Invalidenversicherung, Gewerbeordnung, unlauterer Wettbewerb, Depot- und Börsengesetz, gewerbliche Kinderarbeit u. s. w. Von Dr. **H. Rüdorff.** Einundzwanzigste Auflage von Dr. **H. Appelius,** Kammergerichtsrath. 1 M. 20 Pf.

3. **Militärstrafgerichtsordnung** nebst Einführungsgesetz und Gesetz, betreffend die Dienstvergehen der richterlichen Militärjustizbeamten und die unfreiwillige Versetzung derselben in eine andere Stelle oder in den Ruhestand. Bearbeitet von Dr. **Paul Herz,** Senatspräsident am Reichsmilitärgericht. Dritte Auflage. 4 M.

   Militär-**Strafgesetzbuch** s. RG. Nr. 67.

4. **Handelsgesetzbuch vom 10. Mai 1897** unter Ausschluß des Seerechts. Mit den ergänzenden Vorschriften des Bürgerlichen Gesetzbuchs und Erläuterungen herausgegeben von **F. Litthauer,** Justizrath. Zwölfte Auflage. 2 M. 80 Pf.

5. Allgemeine Deutsche **Wechselordnung.** Achte Auflage von Justizrath Dr. **J. Stranz** und Rechtsanwalt Dr **M. Stranz,** und das Reichsgesetz über die **Wechselstempelsteuer.** Von Regierungsrath **P. Loeck.** Siebente Auflage. 3 M.

6. **Gewerbeordnung** für das Deutsche Reich nebst allen Ausführungsbestimmungen. Ursprünglich herausgegeben von **T. Ph. Berger** und Dr. **L. Wilhelmi.** Sechszehnte Auflage bearbeitet von Oberverwaltungsgerichtsrath **H. Spangenberg.** 3 M.

7. Die deutsche **Post- und Telegraphen-Gesetzgebung.** Nebst dem Weltpostvertrag und dem internationalen Telegraphenvertrag. Von Wirkl. Geh. Rath Dr **Fischer.** Fünfte Auflage bearbeitet von Geh. Postrath Dr. **M. König.** 3 M.

8. Die Reichsgesetze über den **Unterstützungswohnsitz** in der Fassung der Novelle vom 12. März 1894, **die Freizügigkeit, den Erwerb und Verlust der Bundes- und Staatsangehörigkeit,** nebst allen landesgesetzlichen Bestimmungen. Von Geheimrath Dr. **J. Krech,** Mitglied des Bundesamtes für das Heimathwesen. Fünfte Auflage. 2 M. 70 Pf.

9a. Sammlung **kleinerer privatrechtlicher Reichsgesetze.** Von **F. Vierhaus.** Zweite Auflage in Vorbereitung.

9. Sammlung **kleinerer strafrechtlicher Reichsgesetze.** Mit den Entscheidungen des Reichsgerichts bearbeitet von **M. Werner,** Geh. Ober=Regierungsrath. Zweite Auflage. 3 M.

Inhalt: Inhaberpapiere — Presse — Personenstand — Urheberrechtsgesetzgebung — Rinderpest — Nahrungs- und Genußmittel — Sprengstoff — Feingehalt von Gold- und Silberwaaren — Patentgesetz — Handfeuerwaffen — Gebrauchsmusterschutz — Militärische Geheimnisse — Waarenbezeichnung — unlauterer Wettbewerb — Auswanderung — Margarine — Wein — Sklavenraub — Fleischbeschau — Reichsseuchengesetz — Süßstoff — Reichskassenscheine.

10. Das **Reichsbeamtengesetz** vom 31. März 1873 und seine Ergänzungen. Erläutert von **J. Pieper,** Geh. Ober=Regierungsrath. Zweite Auflage. 4 M. 50 Pf.

11. **Civilprozeßordnung mit Gerichtsverfassungsgesetz** und den Einführungsgesetzen. Unter besonderer Berücksichtigung der Entscheidungen des Reichsgerichts herausgegeben mit Anmerkungen von **R. Sydow,** Unterstaatssekretär und **L. Busch,** Kammergerichtsrath. Neunte Auflage. 8°. 5 M.

Dieser Band ist in größerem Format erschienen!

12. **Strafprozeßordnung und Gerichtsverfassungsgesetz** nebst dem Gesetz, betreffend die Entschädigung der im Wiederaufnahmeverfahren freigesprochenen Personen. Von **A. Hellweg,** Reichsgerichtsrath. Zwölfte Auflage. 2 M.

13. **Konkursordnung und Anfechtungsgesetz.** Unter besonderer Berücksichtigung der Entscheidungen des Reichsgerichts herausgegeben mit Anmerkungen von **R. Sydow** u. **L. Busch.** Neunte Auflage. 2 M. 25 Pf.

14. **Gerichtsverfassungsgesetz** mit Einführungsgesetz, Nebengesetzen und Ergänzungen. Herausgegeben von **R. Sydow** u. **L. Busch.** Neunte Auflage in Vorbereitung.

15. Das **Deutsche Gerichtskostengesetz** nebst den Gebührenordnungen für Gerichtsvollzieher, Zeugen und Sachverständige. Herausgegeben mit Anmerkungen und Kostentabellen von **R. Sydow** u. **L. Busch.** Siebente Auflage. 1 M. 80 Pf.

16. **Rechtsanwaltsordnung.** Von **R. Sydow.** Vierte Auflage von Dr. **E. Mosler.** 1 M. 20 Pf.

17. Die **Deutsche Gebührenordnung für Rechtsanwälte und das Preußische Gebührengesetz** vom 27 September/6. Oktober 1899. Von **R. Sydow** und **L. Busch.** Siebente Auflage. 1 M. 60 Pf.

18. **Reichsstempelgesetz (Börsensteuergesetz)** v. 14. Juni 1900, mit den Ausführungsbestimmungen, einem Auszug aus den Gesetzes-Materialien und den Entscheidungen der Verwaltungsbehörden und des Reichsgerichts. Achte Auflage von **P. Loeck,** Regierungsrath. 3 M. 30 Pf

19. Die **Seegesetzgebung.** Nebst den Entscheidungen des Reichsoberhandelsgerichts, des Reichsgerichts und der Seeämter. Von Dr. **W. E. Knitschky.** Dritte Auflage bearbeitet von Oberlandesgerichtsrath **Otto Rudorff** in Hamburg. 4 M. 50 Pf.

20. **Krankenversicherungsgesetz.** Von weil. Dr. **E. von Woedtke,** Direktor im Reichsamte des Innern. Zehnte Auflage bearbeitet von Dr **G. Eucken-Addenhausen,** Geh. Reg.-Rath und vortr. Rat im Reichsamte des Innern. 3 M. 50 Pf.

21. Die **Konsulargesetzgebung.** Von Professor Dr. **Ph. Zorn.** Zweite Auflage. 3 M.

22a. **Patentgesetz.** Nebst Ausführungsbestimmungen, völkerrechtlichen Verträgen und der Patentanwalts-Ordnung unter eingehender Berücksichtigung der Rechtsprechung des **Reichsgerichts** und **der Praxis** des Patentamts. Erläutert von Prof. Dr **R. Stephan,** Geh. Reg.-Rath, Mitglied des Kaiserlichen Patentamts. Sechste Auflage. 2 M.

22b. Gesetz zum **Schutz der Waarenbezeichnungen.** Nebst Ausführungsbestimmungen Von Dr **R. Stephan,** Geh. Reg.-Rath, Mitglied des Kaiserlichen Patentamts. Vierte Auflage. 1 M.

23. **Gewerbe-Unfallversicherungsgesetz** und Gesetz, betr. die Abänderung der Unfallversicherungsgesetze vom 30. Juni 1900 nebst Ausführungsverordnungen. Von Dr. **E. v. Woedtke,** Präsident des Kaiserl. Aufsichtsamts für Privatversicherung. Achte Auflage 2 M. 50 Pf.

24. **Aktiengesellschaft und Kommanditgesellschaften auf Aktien.** (Handelsgesetzbuch, II. Buch, Abschnitt 3

und 4.) Mit Anmerkungen von **H. Keyssner**, Kammergerichtsrath und Dr **H. Veit Simon**, Rechtsanwalt. Fünfte Auflage. Bearbeitet von Dr. **Hugo Keyssner** und **L. Keyssner.** 2 M. 25 Pf.

25. Reichsgesetz wegen **Erhebung der Brausteuer** vom 31. Mai 1872 mit Ausführungsvorschriften. Von **E. Bertho**, Regierungsrath. 1885. 1 M. 60 Pf.

26. Die **Reichsgesetzgebung über Münz- und Notenbankwesen**, Papiergeld, Prämienpapiere und Reichsschulden. Von Dr jur. **R. Koch**, Präsident des Reichsbankdirektoriums Vierte Auflage. 3 M.

27. Die Gesetzgebung, betr. das **Gesundheitswesen** im Deutschen Reich für Behörden, Aerzte rc. Von Dr. jur. **C. Goesch** und Dr. med. **J. Karsten.** 1888. 1 M. 60 Pf.

28. **Bau-Unfallversicherungsgesetz.** Vom 30 Juni 1900. Von **R. Chrzescinski**, Kaiserl. Regierungsrath Dritte Auflage. 2 M.

29 Reichsgesetz, betr. die **Erwerbs- und Wirthschaftsgenossenschaften.** Von **L. Parisius** und Dr. **H. Crüger.** Zehnte Auflage bearbeitet von Dr. **H. Crüger.** 1 M. 50 Pf.

30. **Invalidenversicherungsgesetz** vom 13. Juli 1899. Von Dr. **E. v. Woedtke**, Präsident des Kaiserlichen Aufsichtsamts für Privatversicherung Neunte Auflage 2 M 50 Pf

31. **Gewerbegerichtsgesetz.** Von Stadtrath **L. Mugdan.** Fünfte Auflage bearbeitet von **W. Cuno,** Erstem Bürgermeister zu Hagen i. W. 2 M.

32 Reichsgesetz, betr. die **Gesellschaften mit beschränkter Haftung.** Von **L. Parisius** und Dr. **H. Crüger.** Siebente Auflage. 1 M. 25 Pf.

33. Das **Vereins- und Versammlungsrecht** in Deutschland. Von Dr. **E. Ball,** Rechtsanwalt. 2 M. 25 Pf

34. Reichsgesetz, betreffend die **Abzahlungsgeschäfte.** Vom 16. Mai 1894. Von **J. Hoffmann.** Zweite vermehrte Auflage besorgt von Dr. **E. Wilke,** Landgerichtsrath. 1 M. 20 Pf.

35. Die **Reichs-Eisenbahngesetzgebung.** Von **W. Coermann,** Kaiserl. Amtsrichter. 1895. 2 M. 25 Pf.

36. Gesetze, betr. die **privatrechtlichen Verhältnisse der Binnenschifffahrt und der Flößerei.** Erläutert von **H. Makower.** Dritte Auflage bearbeitet von **E. Löwe,** Landgerichtsrath. 3 M.

37. Gesetz zur **Bekämpfung des unlauteren Wettbewerbes.** Vom 27. Mai 1896. Von Dr. **R. Stephan,** Geh. Regierungsrath. Dritte Auflage. 1 M.

38/39. **Bürgerliches Gesetzbuch nebst Einführungsgesetz.** Nach dem Tode des ursprünglichen Herausgebers Reichsgerichtsraths a. D. Dr. **A. Achilles** in Verbindung mit Professor Dr **André,** Landrichter

Ritgen, Landrichter **Strecker,** Ober=Regierungsrath Dr. **Unzner** herausgegeben von Geh. Ober=Justizrath **Greiff.** Vierte Auflage. 8° 6 M. 50 Pf.

Dieser Band ist in größerem Format erschienen!

40. Gesetz, betr. die **Pflichten der Kaufleute bei Aufbewahrung fremder Werthpapiere (Depotgesetz).** Mit Erläuterungen. Von **F. Lusensky,** Geh. Regierungsrath. 90 Pf.

41. **Börsengesetz.** Vom 22. Juni 1896. Nebst Ausführungsbestimmungen. Unter Mitwirkung des Direktors im Reichsamt des Innern **A. Wermuth** bearbeitet von Regierungsrath **H. Brendel.** 1 M. 50 Pf.

42. **Grundbuchordnung** nebst den preußischen Ausführungsbestimmungen Mit Einleitung. Von Professor Dr. **O. Fischer.** Dritte Auflage. 2 M. 25 Pf.

43. Die Gesetzgebung, betr. die **Zwangsvollstreckung in das unbewegliche Vermögen** im Reiche und in Preußen. Mit Einleitung, Kosten= und Gebührentabellen. Von Dr. **J. Krech,** Kaiserl. Geh. Regierungsrath und Professor Dr. **O. Fischer.** Vierte Auflage. 2 M.

44. Das Reichsgesetz über das **Auswanderungswesen** vom 9. Juni 1897 nebst Ausführungsverordnungen und Anlagen. Unter Benutzung amtlicher Quellen. Von Professor Dr. **Felix Stoerk.** 2 M. 25 Pf.

45. Das **Entmündigungsrecht** unter Berücksichtigung der für Preußen geltenden Vorschriften nebst der preußischen Justiz-Ministerial-Verfügung vom 28. November 1899. Text der civil- und prozeßrechtlichen Bestimmungen mit Erläuterungen von Landgerichtsrath Dr. **P. Koll** in Cöln. 1 M. 50 Pf.

46. Die Gesetze des Reiches und Preußens über die **freiwillige Gerichtsbarkeit.** Mit Einleitung von **Herm. Jastrow,** Amtsgerichtsrath. Dritte Auflage. 3 M.

47. Das **deutsche Vormundschaftsrecht** und das preuß. Gesetz über die Fürsorgeerziehung Minderjähriger nebst den dazu gehörigen preußischen Nebengesetzen. Mit Einleitung und Erläuterungen von **Max Schultzenstein,** Oberverwaltungsgerichtsrath und Amtsgerichtsrath Dr. **Paul Köhne.** Zweite Auflage. 3 M.

48. Gesetze und Verordnungen, betr. den **Drogen-, Gift- und Farbenhandel** außerhalb der Apotheken. Von Dr. **Broh,** Rechtsanwalt. 1 M. 25 Pf.

49 Deutsche **Kolonialgesetzgebung.** Von Professor Dr **Philipp Zorn.** 4 M. 50 Pf.

50. Der **Viehkauf** (Viehgewährschaft) nach dem Bürgerlichen Gesetzbuche. Mit Erläuterungen von Rechtsanwalt Dr. **H. Stölzle.** Nebst Verordn. betr. die Hauptmängel und Gewährsfristen beim Viehhandel. Von **H. Weiskopf,** Königl. Kreisthierarzt in Augsburg. Dritte Auflage. 3 M.

51. **Hypothekenbankgesetz** vom 13. Juli 1899. Von Dr. **H. Göppert,** Gerichts-Assessor. 1 M. 80 Pf.

52 Gesetz, betreffend die gemeinsamen **Rechte der Besitzer von Schuldverschreibungen.** Von Dr. **Heinrich Göppert,** Gerichts-Assessor. 2 M.

53 **Reichspreßgesetz** vom 7 Mai 1874 nebst den einschlägigen Bestimmungen des Strafgesetzbuchs, der Gewerbeordnung &c. Kommentar von **A. Born,** Polizeiassessor. 1 M. 50 Pf.

54. Die Reichsgesetzgebung über den Verkehr mit **Nahrungsmitteln, Genußmitteln** und **Gebrauchsgegenständen.** Von Dr. **Georg Lebbin,** Nahrungsmittelchemiker. 2 M. 25 Pf.

55 Das Recht der **Beschlagnahme von Lohn- und Gehaltsforderungen.** Auf Grundlage der Reichsgesetze vom 21. Juni 1869 u. 29. März 1897 und der Civilprozeßordnung. Von Rechtsanwalt **Georg Meyer.** 1 M. 50 Pf.

56. Gesetz, betr. die **Bekämpfung gemeingefährlicher Krankheiten.** Nebst Ausführungsbestimmungen. Von Dr. **Bruno Burkhardt,** Regierungsrath, Mitglied des Kais. Gesundheitsamts. 1 M. 40 Pf

57 **See-Unfallversicherungsgesetz.** Von **Dr. Max Mittelstein,** Oberlandesgerichtsrath in Hamburg 2 M

58 **Das Recht der unehelichen Kinder.** Ausgabe aller einschlägigen Bestimmungen des B.G.B. Von **Hermann Jastrow,** Amtsgerichtsrath. 1 M. 80 Pf

59. Reichsgesetz über die **Beurkundung des Personenstandes und die Eheschließung.** Von Dr. **F. Fidler,** Amtsgerichtsrath. 1 M. 80 Pf.

60. Gesetz, betreffend das **Urheberrecht an Werken der Litteratur und der Tonkunst.** Von Gerichtsassessor **Otto Lindemann.** 1 M. 50 Pf.

61 Gesetz über das **Verlagsrecht.** Von Justizrath **Ernst Heinitz.** 1 M. 50 Pf

62. Gesetz über die **privaten Versicherungsunternehmungen.** Von **H. Könige,** Ob.-Landsger.-Rath. 3 M.

63. **Gesetzestafel des Deutschen Reichsrechts.** Systematisch geordnete Nachweisung des z. Z. geltenden Reichsrechts. Ergänzungsband zu der Guttentag'schen Sammlung Deutscher Reichsgesetze. Von **Hugo Bruhns,** Syndikus. 2 M. 50 Pf.

64 Gesetzsammlung betr. den **Handel mit Drogen und Giften.** Reichsgesetzl. Bestimmungen und Anhang mit den landesgesetzl. Verordnungen sämmtlicher Bundesstaaten. Von Rechtsanwalt **H. Sonnenfeld,** Syndikus der Berliner Drogisten-Innung. 3 M.

65. Das **Weingesetz** vom 24. Mai 1901. Mit Ausführungsbestimmungen erläutert von Dr. **Georg Lebbin,** Handels- und Gerichtschemiker zu Berlin. 1 M. 50 Pf.

66. Die **Eisenbahn-Gesetzgebung.** Von **W. Plotsch,** Geh. exp. Sekretär im Reichs-Eisenbahn-Amt. 5 M.

67. **Militär-Strafgesetzbuch.** Mit den Entscheidungen des Reichs-Militärgerichts von Dr. **Paul Herz,** Senats-Präsident am Reichs-Militärgericht und Kriegsgerichtsrath Dr. **Georg Ernst.** 3 M.

68. Das **Fleischbeschaugesetz.** Vom 3. Juni 1900. Mit Ausführungsges. u. Verordnungen im Reiche und in Preußen. Von Dr. **Georg Lebbin,** Gerichtschemiker und Rechtsanwalt Dr. **Georg Baum.** 4 M.

69. Reichsgesetz **über die Naturalleistungen der bewaffneten Macht im Frieden** nebst den zugehörigen in Preußen geltenden Bestimmungen. Von Regierungsassessor Dr. **Walter v. Hippel.** 1 M. 25 Pf.

70. Das **Reichs-Haftpflichtgesetz,** betr. die Verbindlichkeit zum Schadensersatz für die bei dem Betriebe von Eisenbahnen, Bergwerken, Steinbrüchen, Gräbereien und Fabriken herbeigeführten Tödtungen und Körperverletzungen, vom 7. Juni 1871. Von Regierungsrath Dr. **G. Eger.** Preis 3 M.

71. **Kinderarbeit in gewerblichen Betrieben,** v. 30. März 1903. Nebst der Preuß. Ausführ.-Anw. v. 30. Nov. u. d. Bek. des Reichskanzlers v. 17. Dez. 1903. Von **H. Spangenberg,** Oberverwaltungsgerichtsrath. Zweite vermehrte Auflage. 1 M. 60 Pf.

72. **Unfallversicherungsgesetz für Land- und Forstwirtschaft** vom wirkl. Geh. Rat Dr. **E. von Woedtke,** fortgesetzt von Dr. **Alfred Radtke,** Geh Regierungsrat und Senatspräs. im Reichsversicherungsamt. Im Druck.

73. **Entschädigung für unschuldig erlittene Verhaftung und Bestrafung.** Nebst Anhang, enth. die dazu gehörigen Nebengesetze über Schadensersatz. Von Dr. jur. **A. Romen,** Geh. Kriegsrath und vortr Rath im Kriegsministerium. ca. 1 M. 25 Pf.

Guttentag'sche Sammlung
Preußischer Gesetze.

Text-Ausgaben mit Anmerkungen. Taschenformat

1. Die **Verfassungs-Urkunde** für den Preußischen Staat Mit Einleitung, vollständigem Kommentar. Von Prof Dr. **Adolf Arndt.** Fünfte Auflage. 3 M.

2 Preußische **Beamten-Gesetzgebung.** Enthaltend die wichtigsten Beamtengesetze in Preußen. Von **C. Pfafferoth.** Dritte Auflage. 1 M. 50 Pf.

3. **Die Aufnahme des Nottestaments** durch die bestellten besonderen Urkundspersonen. Anweisung vom 15. März 1904. Erläutert mit Musterbeispielen und einem Abriß des Erbrechts von Amtsgerichtsrath **C. Kurtz.** ca. 1 M. 50 Pf.

4. **Gebührenordnung** für **Notare** vom 25. Juni 1895 nebst den einschlägigen Vorschriften des Preußischen Gerichtskostengesetzes. Von **R. Sydow.** Zweite Auflage bearbeitet von Dr. **E. Mosler,** Gerichtsassessor. 1 M. 50 Pf.

5. Gesetz vom **24. April 1854 (betr. die außereheliche Schwängerung).** Von Dr. **Schulze.** 75 Pf.
Seit dem 1. Januar 1900 gültiges Recht siehe: Reichsgesetze Nr. 58.

6. Die Preuß. **Ausführungsgesetze und Verordnungen zu den Reichs-Justizgesetzen.** Von **R. Sydow.** Dritte vermehrte Auflage. 1895. 2 M. 40 Pf.
Siehe Seite 21, Busch, Ausführungsgesetze.

7 **Allg. Gerichtsordnung** vom 6. Juli 1793 und Preuß. **Konkursordnung** vom 8. Mai 1855. Von **F. Vierhaus,** Geh. Ober-Justizrath. Vergriffen.

8. **Vormundschaftsordnung.** Von **F. Schultzenstein.** Gültiges Recht siehe: Reichsgesetze Nr. 47.

9 Die Preußische **Grundbuchgesetzgebung.** Von Prof. Dr. **Fischer.** Vergriffen. Siehe: Reichsgesetze Nr. 42.

10. **Einkommensteuergesetz.** Von **A. Fernow,** Geh. Finanzrath. Fünfte Auflage. 2 M. 50 Pf.

11. **Gewerbesteuergesetz.** Von **A. Fernow,** Geh. Finanzrath. Dritte Auflage. 1 M. 25 Pf.

12. **Allgemeines Berggesetz** für die preußischen Staaten und die auf dasselbe bezüglichen Gesetze und Verordnungen. Von **E. Engels.** Dritte Auflage. In Vorbereitung.

13. **Ergänzungssteuergesetz** (Vermögenssteuergesetz). Von **A. Fernow,** Geh. Finanzrath. Dritte vermehrte Auflage. 1 M. 50 Pf.

14. **Kommunalabgabengesetz.** Vom 14. Juli 1893 und Gesetz wegen Aufhebung direkter Staatssteuern. Von **Dr. F. Adickes,** Oberbürgermeister. Dritte Auflage. 1 M. 50 Pf.

15. Die **Kreisordnungen** für den Preußischen Staat. Von **O. Kolisch,** Landgerichtsrath. 1894. 4. M.

16. **Concessionirung gewerblicher Anlagen.** Preuß. Ausführungs-Anweisung zu §§. 16 u. ff. der Gewerbe-Ordnung. Von Dr. **W. v. Rüdiger,** Geh. Regierungs- u. Gewerberath. Zweite Auflage. 2 M.

17. Preußisches **Gerichtskostengesetz.** Mit Kostentabellen. Von Dr. **P. Siméon,** Landrichter. Vierte Auflage. 2 M. 25 Pf.

18. Preußisches **Stempelsteuergesetz** vom 31. Juli 1895. Mit den gesammten Ausführungsbestimmungen und vollständigen Tabellen. Von **P. Loeck,** Regierungsrath. Fünfte Auflage. 5 M.

Dieser Band ist in größerem Format erschienen.

19. Das **Jagdscheingesetz.** Mit ausführlichen Erläuterungen nebst der Ausführungsverfügung. Von **F. Kunze,** Wirklichem Geh. Ober-Regierungsrath. Zweite Auflage. 2 M.

20. Gesetz, betr. die **Erbschaftssteuer.** Unter Berücksichtigung der Novelle vom 31. Juli 1895. Von Regierungsrath **P. Loeck.** 1 M. 80 Pf.

21. Gesetz über die **Handelskammern.** Vom 19. August 1897. Mit Erläuterungen von **F. Lusensky,** Geh. Regierungsrath. 3 M.

22. Gesetz, betr. **Anstellung und Versorgung der Kommunalbeamten.** Mit Ausführungsanweisung. Von Dr. **W. Ledermann,** Magistratsassessor zu Berlin. 1 M. 25 Pf.

23. **Ausführungsgesetz zum Bürgerlichen Gesetzbuche.** Von Landrichter Dr. **P. Siméon.** 1 M. 60 Pf.

24. Die **Hinterlegungsordnung** in der Fassung des Ausführungsgesetzes z. B.G.B. v. 20. Sept. 1899 nebst Ausführungsbestimmungen. Von Regierungsassessor Dr. **Georg Bartels.** 1 M. 50 Pf.

25. **Preußische Kommunalbeamtengesetzgebung.** Von Magistratsassessor Dr. **Fr. Kremski,** Berlin. 3 M.

26. Die Preußischen Gesetze über das **Diensteinkommen der Lehrer und Lehrerinnen, ihren Ruhegehalt und die Fürsorge für ihre Hinterbliebenen,** sowie einer Tabelle zur Berechnung der Ruhegehalts-, Wittwen- und Waisenbezüge. Von Dr. **Ed. Cremer,** Beigeordneter. 2 M. 40 Pf.

27 Gesetz, betreffend die **Waarenhaussteuer.** Von Geh. Ober-Finanzrath Dr. **G. Strutz.** 1 M. 20 Pf.

28 Gesetz über die **Fürsorgeerziehung Minderjähriger.** Nebst Ausführungsanweisungen. Von Landgerichtsrath Dr. **P. F. Aschrott.** 2 M. 80 Pf.

29. Gesetz, betr. **die ärztlichen Ehrengerichte, das Umlagerecht und die Kassen der Aerztekammern.** Von Amtsgerichtsrath Dr. **Fidler.** 1 M. 50 Pf.

30 Die das **Preußische Staatsschuldbuch** und **Reichsschuldbuch** betr. Gesetze nebst Ausführungsbestimmungen. Von Wirkl. Geh. Ober-Finanzrath **J. Mücke,** Mitglied der Staatsschuldenverwaltung. 2 M

31 a. **Die geltenden Preußischen Gesindeordnungen.** Herausgegeben in zwei Bänden von **Stephan Gerhard,** Rechtsanwalt in Berlin.

Band I: Gesindeordnung für die altpreußischen Provinzen vom 8. XI. 1810, mit Erläuterungen unter Berücksichtigung der Ergänzungsgesetze und der Rechtsverhältnisse der Gesindevermiether, sowie die Gesindeordnung für Neuvorpommern und Rügen und für die Rheinprovinz. 2 M. 50 Pf.

31 b. **Band II:** Gesindeordnungen für Hannover, Schleswig-Holstein, Hessen-Nassau und den Regierungsbezirk Hohenzollern. 2 M. 50 Pf.

32. **Die Städteordnung für die sechs östlichen Provinzen** Preußens vom 30. Mai 1853 nebst ihren gesetzlichen

Ergänzungen. Von **Dr. jur. Walter Ledermann,** Magistrats-Assessor zu Berlin. 6 M.

Dieser Band ist in größerem Format erschienen!

33. **Rentenguts- und Anerbenrechts-Gesetzgebung in Preußen.** Von Landgerichtsrath **M. Peltasohn** und Rechtsanwalt **Bruno Peltasohn.** 3 M.

34. Sammlung der wichtigsten **Preußischen Strafgesetze** nebst Anhang: Gesetz betr. polizeiliche Strafverfügungen vom 23. April 1883. Von **Otto Lindemann,** Amtsrichter. 2 M. 50 Pf.

Inhalt: **Mobiliar-Feuerversicherung — Chausseegeld — Jagdpolizei — Jagdschein — Wild-Schonzeit — Fischerei — Versammlungs- u. Vereinigungsrecht — Belagerungszustand — Gesindedienstpflichten — Mineraliengewinnung und -Aneignung — Schlachthäuser — Dampfkesselbetrieb — Wandergewerbebetrieb — Reblausverbreitung — Forstdiebstahl — Wald- u. Wassergenossenschaften — Feld- u. Forstpolizei — Lotteriespiel — Verkehrsabgaben — Landestrauer.**

35. **Geschäftsordnung für Gerichtsvollzieher.** Gerichtsvollzieherordnung und Gebührensätze von Amtsgerichtssekretär a. D. **Emil Exner.** 3 M. 50 Pf.

36. Die Gesetzgebung über **Polizeiverordnungen in Preußen** von **Otto Lindemann,** Amtsrichter in Köslin. 1 M. 50 Pf.

Guttentag'sche Sammlung von Text-Ausgaben mit Sachregister ohne Anmerkungen.

Militärstrafgerichtsordnung für das Deutsche Reich, nebst **Einführungsgesetz** und **Gesetz**, betr. die Dienstvergehen der richterlichen Militärjustizbeamten und die unfreiwillige Versetzung derselben in eine andere Stelle oder in den Ruhestand. **Militär-Strafgesetzbuch** mit Abdruck der entsprechenden Bestimmungen des Reichs-Strafgesetzbuchs. Zweite Auflage. 1 M. 50 Pf.

Reichsstempelgesetz (Börsensteuergesetz). Mit Tabellen zur Berechnung der Reichsstempelabgaben. 1 M. 50 Pf.

Bürgerliches Gesetzbuch nebst Einführungsgesetz unter Einfügung der preußischen Ausführungsbestimmungen bearbeitet von Dr. **Paul Winter**, Landrichter. Zweite Ausgabe. 8⁰ Geb. Preis 3 M.

Handbuch des Testamentsrechts

mit zahlreichen Beispielen und Formularen.

Dargestellt von **Heinrich Peiser**, Landgerichtsrat in Danzig. gr. 8⁰. Preis 8 M., geb. in ganz Leinen 9 M.

Das Bürgerliche Recht Deutschlands mit Einschluß des Handelsrechts historisch und dogmatisch dargestellt von **A. Engelmann**, Oberlandesgerichtsrat. Zweite durchgearbeitete Auflage. gr. 8⁰. Preis 14 M., geb in Leinen 15 M.

Wie leitet man eine Versammlung? Geschäftlicher Handweiser für Vorsitzende. Von einem Mitgliede des Deutschen Reichstags und des Preußischen Abgeordnetenhauses. kl. 8°. Preis in elegantem Einbande 1 M.

Ein nützliches und notwendiges Büchlein.

Holtgreven, Dr. A., Präsident des Oberlandesgerichts in Hamm und Dr. **Th. Wolff,** Oberlandesgerichtsrath. Das Wildschadengesetz vom 11. Juli 1891 Kommentar. Vierte Auflage. 8°. Geb. 4 M. 50 Pf.

Arndt, Dr. Adolf, Professor. Verfassung des Deutschen Reichs. Mit Einleitung und Kommentar. Zweite Auflage. 8°. Geb. 4 M. 50 Pf.

Behrens, Paul, Handbuch für Vereine bei Aufstellung, Berathung und Aenderung der Vereins-Satzungen. 8°. Preis geb. 1 M.

Born, A., Polizei-Assessor in Königsberg i. Pr. Das preußische Baupolizeirecht nebst den einschlägigen Bestimmungen des Ansiedelungs-, Feld- und Forstpolizei-, Waldschutz- und Deichgesetzes, sowie dem Fluchtlinien-, Rayongesetz und dem Gesetz über die Zulässigkeit des Rechtsweges gegen polizeiliche Verfügungen. Kommentar. gr. 8°. Preis 10 M., geb. 11 M.

Delius, Dr. jur. H., Landgerichtsrath. Die Haftpflicht der Beamten. 8°. Preis geb. 2 M.

Delius, Dr. jur. H., Landgerichtsrath. Die Rechtsverhältnisse der geschlossenen Gesellschaften und Vereine nach Preußischem Recht unter besonderer Berücksichtigung der Befugnisse der Polizeibehörden. 8°. Preis in Leinenband 1 M. 60 Pf.

Das Gesetz betreffend die Anlegung und Veränderung von Straßen und Plätzen in Städten und ländlichen Ortschaften vom 2. Juli 1875. Des Kommentars von weil. Oberverwaltungsgerichtsrath **R. Friedrichs** fünfte völlig neubearbeitete Auflage bearbeitet von Dr. jur. **Hugo v. Strauß und Torney**, Senatspräsident am Oberverwaltungsgericht. 8°. Geb. Im Druck.

Ottermann, Carl, Stadtrath in Dortmund. Das Fluchtliniengesetz vom 2. Juli 1875. Erläuternde Abhandlung. 8°. 1 M. 25 Pf.

Könige, H., Oberlandesgerichtsrath. Handelsgesetzbuch vom 10. Mai 1897 nebst Abdruck des Gesetzes über die Angelegenheiten der freiwilligen Gerichtsbarkeit und Gerichtsverfassungsgesetz (Titel 7, Kammern für Handelssachen). 8°. Geb. in ganz Leinen 4 M. 50 Pf.

Telegraphenwege-Gesetz vom 18. Dezember 1899 nebst den vom Reichskanzler erlassenen Ausführungsbestimmungen vom 26. Januar 1900 und den Erläuterungen und Ausführungsanweisungen des Reichs-Postamts. Amtliche Ausgabe. 8°. Geb. in ganz Leinen 1 M.

Wilhelmi, Dr. L., Das Handwerkergesetz vom 26. Juli 1897. Mit Einleitung und Bemerkungen unter besonderer Berücksichtigung der Ausführungs-Anweisungen der größeren Bundesstaaten. Geb. in ganz Leinen 6 M.

Das Recht des Bürgerlichen Gesetzbuchs

vom 18. August 1896.

Ein dogmatisches Lehrbuch

von

Dr. Ernst Landsberg,
ordentl. Professor der Rechte zu Bonn.

gr. 8°. Zwei Bände. 1350 Seiten.

Preis brosch. 25 M., geb. in Halbfranz 28 M.

Das Werk bezweckt eine möglichst kurze und dogmatische Darstellung des Rechtsstoffes, welcher durch das Bürgerliche Gesetzbuch gegeben ist. Es soll möglichst kurz sein, deshalb umfaßt es nicht das ganze sonstige bürgerliche Recht, sondern berücksichtigt dasselbe nur durch gelegentliche Ausblicke und Verweisungen. Aber es soll doch klar und für den Anfänger faßlich sein, deshalb ist die Erörterung, namentlich in den ersten Abschnitten, etwas eindringlicher angelegt, der starre Lehrbuchton vermieden.

Auf diese Weise hofft Verfasser noch eine Lücke in unserer Literatur ausgefüllt zu haben, und dem Lernenden wie dem Praktiker eine allgemein brauchbare, aus der Praxis und Theorie anregende Gabe zu bieten.

Schlagwort-Register.

R. = Nummer der Sammlung Deutscher **Reichs**gesetze.
P. = Nummer der Sammlung **Preußischer** Gesetze.
S. = Seite.

FSC
www.fsc.org
MIX
Papier | Fördert gute Waldnutzung
FSC® C083411

Kolibri 360 GmbH
Ferdinand-Jühlke-Straße 7
99095 Erfurt, Deutschland
produktsicherheit@kolibri360.de